Frederic Vester:
Ballungsgebiete in der Krise
Vom Verstehen und Planen menschlicher
Lebensräume

Aktualisierte Neuausgabe
Mit zahlreichen Abbildungen

D1856784

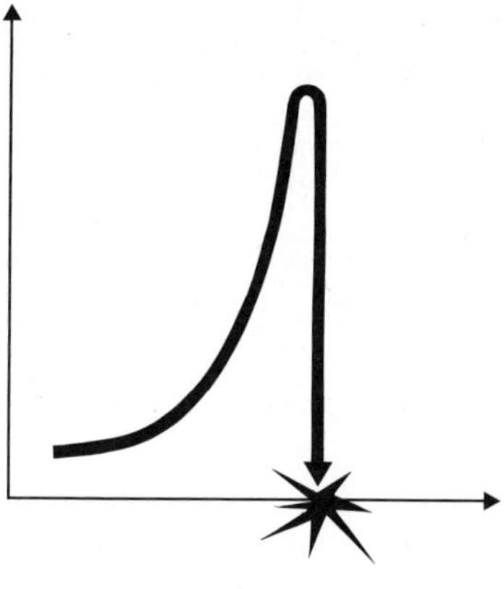

Deutscher
Taschenbuch
Verlag

dtv

Diese Taschenbuchausgabe basiert auf einer Untersuchung, die von der Studiengruppe für Biologie und Umwelt GmbH, München, unter Leitung des Autors als deutscher Beitrag zu dem UNESCO-Programm »Man and the Biosphere« im Auftrag des Bundesministers des Innern sowie im Rahmen des Umweltforschungsplans (Vorhaben Nr. 10401004 des Umweltbundesamtes) erstellt und mit Bundesmitteln finanziert wurde. Die erste Fassung der Studie erschien 1976 als deutsch/englische Buchausgabe bei der Deutschen Verlags-Anstalt, Stuttgart, und wurde unter der Mitwirkung von Georg Snajberk 1983 für die Taschenbuchausgabe (dtv 10080) überarbeitet. Die vorliegende aktualisierte Neuausgabe entstand 1990 unter Mitarbeit von Gabriele Harrer. Die Abbildungen Seite 67 bis 84 zeichnete Peter Schimmel.

Von Frederic Vester
sind im Deutschen Taschenbuch Verlag erschienen:
Denken, Lernen, Vergessen (1327)
Phänomen Streß (1396)
Unsere Welt – ein vernetztes System (10118)
Neuland des Denkens (10220)
Krebs – fehlgesteuertes Leben
(zusammen mit Gerhard Henschel; 11181)

Aktualisierte Neuausgabe
Februar 1991
© 1983 Deutscher Taschenbuch Verlag GmbH & Co. KG, München
Umschlaggestaltung: Celestino Piatti
Umschlagfoto Vorderseite: Studiengruppe für Biologie und Umwelt GmbH, München
Umschlagfoto Rückseite: Isolde Ohlbaum, München
Gesamtherstellung: C. H. Beck'sche Buchdruckerei, Nördlingen
Printed in Germany · ISBN 3-423-11332-4

Inhalt

Das Buch

Die Probleme unserer Zivilisation sind nicht mehr mit technokratischen Gewaltprogrammen zu bewältigen. Frederic Vester stellt in diesem Buch eine faszinierende und in der Praxis bereits in unterschiedlichen Ansätzen verwirklichte Alternative vor: Er entwickelte ein Verfahren zur Planung in dichten Siedlungsgebieten, das nicht an einzelnen Mißständen herumlaboriert, sondern den Aktivitäten und Bedürfnissen der Menschen als Teil einer lebensfähigen Umwelt gerecht wird. Zugrunde liegt eine konsequent kybernetische Betrachtungsweise aller Phänomene, wie sie die Natur uns lehrt – das Denken in vielfältig miteinander vernetzten Systemen, deren Aufrechterhaltung und Selbstregulierung durch Nichtbeachtung wichtiger Grundregeln gefährdet ist. Vesters hier in einer aktualisierten Neuausgabe vorliegendes Buch ist ein fundiertes Plädoyer, nach genau diesen Regeln die Planung und Gestaltung unserer Lebensräume zu vollziehen. Dabei berücksichtigt es in jüngster Zeit gewonnene Erfahrungen aus der praktischen Ausführung verschiedener Projekte wie des Freizeit-Pueblos oder des Swissair-Projekts. Das oberste Ziel Vesters lautet: »Überlebensfähigkeit durch Flexibilität, Selbstregulierung, biologisches Grunddesign und Symbiose mit den umliegenden Teilsystemen.«

Der Autor

Frederic Vester, geboren am 23. November 1925, Biochemiker und Fachmann für Umweltfragen, ist Gründer und Leiter der Studiengruppe für Biologie und Umwelt in München. Von 1982 bis 1988 Inhaber des Lehrstuhls für »Interdependenz von technischem und sozialem Wandel« an der Universität der Bundeswehr in München, lehrt er derzeit als ständiger Gastprofessor für Betriebswirtschaft an der Hochschule St. Gallen. Bekannt durch wissenschaftliche Fernsehreihen und Ausstellungen über Systemzusammenhänge sowie als Bestsellerautor von Sachbüchern, u. a. ›Krebs – fehlgesteuertes Leben‹ (mit G. Henschel), ›Denken, Lernen, Vergessen‹, ›Phänomen Streß‹, ›Neuland des Denkens‹, ›Sensitivitätsmodell‹ (mit A. v. Hesler), ›Unsere Welt – ein vernetztes System‹, ›Bilanz einer Ver(w)irrung‹, ›Leitmotiv vernetztes Denken‹ und ›Ausfahrt Zukunft‹. Von ihm stammen das kybernetische Umweltspiel ›Ökolopoly‹ und die Umwelt-Fensterbücher: ›Das faule Ei des Kolumbus‹, ›Der Wert eines Vogels‹, ›Ein Baum ist mehr als ein Baum‹, ›Januskopf Landwirtschaft‹ und ›Wasser = Leben‹. Auszeichnungen u. a. Adolf-Grimme-Preis 1974, Umweltschutzmedaille 1975, Philip-Morris-Forschungspreis 1984, Saarländischer Verdienstorden 1988, Ehrendoktorwürde Wirtschaftshochschule St. Gallen 1989.

Einleitung

Dieses Buch stellt einen neuen Planungsansatz vor – und die Gründe, warum wir ihn brauchen, wenn wir mit unseren zunehmenden Problemen fertig werden wollen. Dies verlangt zunächst einmal eine mehr oder weniger zusammenfassende Übersicht über unsere heutige Situation. Dies jedoch nicht aus dem Blickwinkel der herkömmlichen analytischen Erfassung, sondern bereits von diesem neuen Ansatz aus. Es ist der Ansatz der Systembetrachtung, der unsere bisherige Betrachtungsweise dringend ergänzen muß. Das wird deutlich, wenn wir uns eingestehen, wie wir unserer Situation und den darin auftauchenden Problemen üblicherweise begegnen: Irgend etwas funktioniert nicht mehr, stört uns, dann suchen wir nach Mißständen und schließlich nach Wegen zu ihrer Beseitigung. Dieses Vorgehen ist durchaus angebracht bei der Reparatur einer Maschine. Es versagt jedoch hoffnungslos bei komplexen offenen Systemen, seien dies menschliche Lebensräume, Wirtschaftsentwicklungen, ein geschädigtes Ökosystem oder ein in Schwierigkeiten geratenes Unternehmen. Besitzt das betreffende System noch genügend große Ausgleichsräume, eine gute Pufferkapazität, so mag es – gerade durch seine Komplexität – einiges von dem angerichteten Unfug wieder ausgleichen – zumindest über eine gewisse Zeit. Mit fortschreitender Einengung dieser Pufferräume wie auch mit zunehmender Stärke solcher Eingriffe versagt jedoch dieser Ausgleich und das »System« schlägt zurück.

In vielen Vorträgen[1] habe ich dargelegt, wie wir im Laufe der Menschheitsgeschichte – im vordergründigen Glauben an die Unbegrenztheit einer solchen Pufferkapazität der Natur, an die Unbegrenztheit ihrer Reserven und auch des technisch Machbaren – ziemlich unbekümmert in das große, bis dahin gut funktionierende Globalsystem unserer Umwelt eingegriffen haben. Wie wir nach und nach eine immer größere Zahl künstlicher Einzelsysteme in die Biosphäre hineindrängten: Fabriken, Kraftwerke und landwirtschaftliche Großbetriebe, Siedlungen, Stauseen, Verkehrsnetze, Brükken, Häfen. Aus ehemaligen Urlandschaften wurden so oft innerhalb weniger Jahrzehnte riesige Ballungsgebiete. All diese Teilsysteme wurden in die Biosphäre hineingepflanzt in der Annahme, daß sich ihr Zusammenspiel, ihre Kommunikation, wohl schon von selbst regeln würde. Und wenn nicht, daß sich irgendwelche entstehenden Mängel durch weiteren technischen Einsatz und entsprechenden Energieinput schon irgendwie beheben ließen. Etwa Mängel in der Luftreinhaltung, in der Bodenfruchtbarkeit, in der

Energieversorgung, im Wasserhaushalt oder auch im gesundheitlichen Bereich. Im Vertrauen auf diese »Reparaturmöglichkeiten« haben wir uns weder darum gekümmert, ob diese künstlichen Systeme selber überlebensfähig sind, noch ob sie sich mit den übrigen zu einer funktionierenden Einheit verbinden lassen. Auch heute starten wir Tag für Tag weitere Entwicklungsprojekte und setzen sie – in der Annahme, sie verhielten sich wie Maschinen – in bestehende Systeme hinein, ohne überhaupt zu wissen, daß wir es mit Systemen zu tun haben, geschweige denn, daß es so etwas wie Gesetzmäßigkeiten für deren Verhalten und damit für das Überleben von Systemen gibt.

Auf Kurzzeitprofit angelegt, schien jeder dieser Eingriffe das zu bringen, was man von ihm erwartete. Doch dann begannen sich die Rückwirkungen aus dem System zu melden. Sehr oft entpuppte sich ein solcher Eingriff zunächst einmal als für die Umwelt problematisch, dann für die Lebensqualität der Betroffenen, und im Endeffekt kamen dann auch die wirtschaftlichen Rückschläge. So greifen wir laufend in Systeme ein, ohne sie zu kennen, noch die vernetzten Abläufe darin zu beachten. Vielfach deshalb, weil vieles in unserer Welt zunächst einmal beziehungslos nebeneinander lag, dann aber durch die zunehmende Verdichtung und Vernetzung auf einmal zum System wurde, ohne daß wir es merkten. Denn unserer in der Schule angelernten Denkweise liegt es viel näher, die Welt nicht als zusammenhängendes System, sondern als eine heterogene Menge von Einzeldingen zu betrachten. Beschäftigen wir uns doch vom ersten Schultag an zwar ausgiebig mit Einzelmechanismen und Einzelstrukturen, aber praktisch nie mit ihren gegenseitigen Wechselwirkungen. Auf Seite 92 befindet sich ein zerrissenes Netz unserer Wirklichkeit, so wie sie von unseren Schulen und Universitäten präsentiert wird: als Sammelsurium von Einzelbereichen wie Agrarwirtschaft, Verkehrswesen, Chemie, Geographie, Betriebswirtschaft und Abfallbeseitigung – all das schön geordnet nach Ressorts und Fachbereichen und damit zu Bruchstücken auseinandergerissen. Daß es sich in Wirklichkeit um ein vernetztes System handelt, das sich nach kybernetischen Gesetzmäßigkeiten verhält, wird nicht erkannt und nicht erfaßt. So entschlüpft der eigentliche Systemcharakter der Realität unserer Betrachtung.

Nehmen wir zum Beispiel die Landesentwicklung. Hier kennen wir die Dinge, mit denen wir zu tun haben: die Straßen, Häuser, Fabriken, Rohstoffe, Wälder – und natürlich auch uns selbst – immer nur als Straßen, Häuser, Fabriken, Rohstoffe, Wälder und Menschen. Und so behandeln wir sie auch. Wir kennen sie dagegen nicht in ihrer kybernetischen Funktion; damit ist ihre jeweilige Rolle in dem offenen vernetzten System gemeint, das die betreffende Region darstellt. Es ist dies ihre Rolle als Regler,

Steuerglied, Meßfühler, Puffer, Grenzwert oder Nachschubgröße. Diese Rollen ignorieren wir. Geschweige denn, daß wir den kybernetischen Charakter eines aus solchen Dingen gebildeten Systems kennen: seine Stabilisierungstendenz, seine Störanfälligkeit, sein Fließgleichgewicht, seine Außen- und Innenabhängigkeiten, die Verschachtelung seiner Regelkreise oder seine Diversität, seine Vielfalt.

Die Tatsache, daß uns die Wechselwirkungen komplexer Systeme kaum interessiert haben, ist auch mit ein Grund für ein anderes Versäumnis, nämlich daß auch die längst möglichen, jedoch in einem vernetzten Denken wurzelnden kybernetischen Technologien immer noch ganz in den Anfängen stecken. So kommt es, daß wir kaum Techniken im Verbund haben, kaum Symbiosen, kaum Recycling, Energieketten, Mehrfachnutzung durch Energieboxen, Wärmeaustauscher und andere Arbeitsformen einer eleganten, kleinräumigen und dafür um so effizienteren Technologie – von der mikrobiellen Abfallverwertung über eine lautlose, bakterielle Metallgewinnung bis zu Photosyntheseanlagen: Verbundlösungen von Recycling, Symbiose und Mehrfachnutzung, wie sie eigentlich einer Art »Ökosystem der Wirtschaft« zukämen.

Da uns bisher jedoch weder solche Umsetzungsmöglichkeiten einer systemischen Kybernetik interessierten noch die dahinter stehenden Gesetzmäßigkeiten, wissen wir auch nicht, wo und warum wir mit unseren Techniken und Vorgehensweisen Regelkreise oder selbststeuernde Rückkopplungen aufbrechen, wo und warum wir plötzlich an unerwartete Grenzwerte stoßen oder mit unseren Planungen Schiffbruch erleiden. Anstatt einen kybernetischen Verbund anzustreben, der für die Umwelt wie für die Wirtschaft profitabel ist, suchen wir nach Lösungen, die keine sein können: etwa Stützungsaktionen des Staates, die nur überholte Wirtschaftsformen zementieren und die dann – man denke an die deutsche Werftindustrie oder die Textilindustrie, an die EG-Landwirtschaft oder an die Montanunion des Saarlandes, um einmal ganz verschiedene Fälle herauszugreifen – ganze Regionen oder Wirtschaftszweige praktisch kollabieren lassen. Weiterhin setzen wir Technologien ein, die sich selbst ad absurdum führen – ich denke an die Kernenergie, an die Supertanker oder an die Concorde –, und entwickeln Organisationsformen wie eine wuchernde Bürokratie oder eine zunehmende Zentralisierung in der Versorgung, die irgendwann an der Realität scheitern müssen, obgleich alles von hochdotierten Experten geplant ist.

Die neun Kapitel dieses Buches sollen in knapper Form, jedoch anhand nachprüfbarer Beispiele illustrieren, daß die Realität eben nicht jener unzusammenhängende Themenkatalog ist, sondern immer ein Netz von Rückkopplungen und verschachtelten Regelkreisen. Ein Wirkungsgefüge, in dem es weit mehr auf Konstellationen und ihre Gesamtdynamik ankommt als auf meßbare Einzelwirkungen. Wir aber glaubten bisher, wenn wir eine gute Straße bauen oder einen architektonisch vollendeten Wohnblock, wenn wir eine funktionsfähige Fabrik errichten, einen leistungsfähigen Mikroprozessor entwerfen, ein juristisch einwandfreies Gesetz erlassen oder erstklassige Chemiker ausbilden, daß dann auch das Zusammenspiel all dieser Faktoren selbsttätig funktionieren müsse. Und wir waren dann überrascht, wenn sich die Dinge plötzlich aufschaukelten, ganz woanders Spätfolgen zeigten oder miteinander unvereinbar waren. Für sich alleine perfekt geplant, kann ihr Zusammenspiel eben durchaus in ein Chaos führen.

Gerade Beziehungen, die auf den ersten Blick einen linearen Verlauf zeigen, ein proportionales Anwachsen, haben durch ihre Verflechtungen im Gesamtsystem oft unbemerkte Schwellen- und Grenzwerte, durch die sich eine zunächst gleichförmige Entwicklung schlagartig ändern kann. Das versuche ich im 3. Kapitel zu zeigen, wo es darum geht, »wie die Dinge aufeinander wirken«.

Zu wissen, ob solche Nicht-Linearitäten in einem System vorliegen, ist natürlich für die Beurteilung des Systemverhaltens weitaus wichtiger als die Kenntnis, wie hoch nun genau ein Einzelwert zu einem bestimmten Zeitpunkt ist. Es ist sogar vielfach irrelevant, ob wir nun von einem bestimmten Rohstoff einen Vorrat von 10 Milliarden oder von 20 Milliarden Tonnen haben. Ausschlaggebend ist auch hier nicht die Quantität, sondern das Verhalten des Systems, zum Beispiel die Wachstumsrate im Verbrauch. Jede Wachstumsrate – und sei sie noch so klein – führt zu einer exponentiellen Kurve. Und bei einer solchen reicht eben die doppelte Menge nicht doppelt so lange, also zum Beispiel statt 30 Jahre nun 60 Jahre, sondern in 30 Jahren befinden wir uns bereits irgendwo auf einem steil ansteigenden Kurvenast, und da mag dann ein weiterer Vorrat von 10 Milliarden Tonnen nur noch ein paar Wochen reichen. Deshalb müssen wir also darüber diskutieren, ob wir in bestimmten Bereichen überhaupt ein Wachstum haben dürfen, und nicht, ob nun der Vorrat an Ressourcen etwas mehr oder weniger groß ist.

Damit stellen wir eine weitere Besonderheit fest: In einem offenen komplexen System kommen wir ab einem bestimmten Zeithorizont mit den gängigen Hochrechnungen nicht mehr aus – auch nicht bei einer noch so großen Datenfülle. Man hat es beim Wetter erfahren, wo selbst die Vertausendfachung der Meßstationen in den letzten 20 Jahren zwar innerhalb von Stunden die Vorhersage exakter gemacht hat. Bei Prognosen über 24 Stunden jedoch kommt man nach wie vor durch ein Weiterrechnen mit den eingegebenen Werten über statistische Zufallstreffer nicht hinaus.

In anderen Gebieten – etwa der Wirtschaft – glauben wir jedoch immer noch an den Weihnachtsmann. Wir glauben an Trendprognosen und logische Analysen, wenn wir nur genug Daten haben. So als wenn aus der genauen Position und Geschwindigkeit der 22 Fußballspieler, ihrer Drehimpulse und Schrittlänge, aus Windgeschwindigkeit und Beschaffenheit des Fußballfeldes durch eine genaue Aufnahme der momentanen Bedingungen zu prognostizieren wäre, daß nunmehr sechs Minuten später in der linken Torecke ein Tor fällt. So verrückt ist kein Sportreporter, aber viele Wirtschaftsinstitute und Prognosefirmen werden Jahr für Jahr für solchen Unsinn hoch bezahlt.

Doch nicht allein Hochrechnungen, schon eine einfache logisch-analytische Denkweise spielt uns in der Planung komplexer Systeme oft die übelsten Streiche. Man denke nur an gewisse katastrophale Ergebnisse unserer klassischen Entwicklungshilfe. Logisch wäre es doch, dort, wo Nahrungsmangel herrscht, Lebensmittel aus unserer Überproduktion hinzuschaffen. In Wirklichkeit ist jedoch die Folge einer solch direkten Nahrungshilfe oft, daß die Landwirtschaft in dem betreffenden Entwicklungsland schlagartig zurückgeht und die Lage noch viel schlimmer wird als vorher.

Das gleiche gilt für die in den folgenden Kapiteln dargestellten Beispiele vom Assuan-Staudamm, der peruanischen Fischerei oder dem Brunnenbau in der Sahel-Zone. Aber auch in vielen »Entwicklungsregionen« unseres eigenen Lebensraumes führt die lineare Denkweise ins Desaster und ist nicht zuletzt für den Zusammenbruch vieler Firmen verantwortlich, wo eine unvernetzte Planung letztlich alle Investitionsbemühungen über den Haufen warf.

Ausgehend von diesen Erkenntnissen, wurde im Rahmen des deutschen Beitrags zum UNESCO-Programm »Man and the Biosphere« (MAB), Projekt Nr. 11: »Ecological Aspect of Urban Systems«, auf Initiative des Chefplaners der Regionalen Planungsgemeinschaft Untermain, Dr. A. von Hesler (heute Umlandverband Frankfurt), zunächst versucht, mit Hilfe von zwei- und dreidimensionalen Matrizes eine Vorstellung von dem »System Ballungsgebiet« zu gewinnen. Die Erkenntnis, daß auf diesem, seit 1972 beschrittenen Weg die Grenzen sehr bald erreicht sind und das Problem nicht gelöst werden kann, führte dazu, daß 1976 die Studiengruppe für Biologie und Umwelt GmbH beauftragt wurde, auf der Grundlage ihrer vorhergegangenen Arbeiten und der gesammelten Erfahrung ein Modell zu erarbeiten, mit dessen Hilfe die Systemzusammenhänge bei aller Komplexität dennoch relativ einfach dargestellt und einsichtig gemacht und dadurch entsprechende Planungsmaßnahmen in ihren Auswirkungen abgeschätzt werden können.

Das erste Ergebnis war die vorliegende Studie, die unter dem Titel ›Ballungsgebiete in der Krise – Urban Systems in Crisis‹ möglichst viele UNES-

CO-Länder für die Untersuchung interessieren und überdies im eigenen Land mit der neuartigen Vorgehensweise vertraut machen sollte.

Diese Bemühungen wurden von der Bundesregierung durch die Förderung und Finanzierung weiterer Studien über neue Ansätze und Methoden unterstützt, insbesondere solcher Ansätze, die systemrelevante Rechenmodelle zur Grundlage haben. Das Ziel war, die Auswirkungen bestimmter Maßnahmen auf das »Ökosystem Ballungsgebiet« besser beurteilen zu können und damit die Voraussetzungen für bessere Entscheidungen bei der Entwicklung des Raumes zu schaffen.[2]

In seinem Vorwort zu der Originalstudie (Stuttgart 1976), die diesem Taschenbuch zugrunde liegt, schrieb Peter Menke-Glückert, seinerzeit Ministerialdirektor und Leiter der Umweltabteilung im Bundesministerium des Innern, über die Bedeutung einer neuen Betrachtungsweise in unserem Planen und Handeln:

> »Auf internationaler, nationaler und regionaler Ebene sind die Fragen nach der zukünftigen Gestalt unseres Raumes und nach den Überlebenschancen immer eindringlicher geworden ...
>
> Im Gegensatz zu den sehr allgemeinen Weltmodellen sollen hier Modelle entwickelt werden, die die sehr konkreten und unmittelbar anstehenden Probleme auf der regionalen Ebene – und nicht nur in Verdichtungsgebieten – lösen helfen. Dazu ist eine grundlegend neue Betrachtungsweise nötig, die sich von der linearen ›Ursache-Wirkungs‹-Theorie löst und sich statt dessen der ›Biokybernetischen Vorgehensweise‹ bedient, wie sie von der Studiengruppe für Biologie und Umwelt, München, unter der Leitung von Frederic Vester erarbeitet wurde.
>
> Ich begrüße sehr, daß mit der vorliegenden Studie neben der Erläuterung des eigentlichen Vorhabens eine Einführung in diese Materie gegeben wird. Es ist sicher dringend erforderlich, bei Politikern und Wissenschaftlern das Interesse für die vernetzte Problematik und die anzuwendende Methodik zu wecken und für die Lösung der Aufgaben entsprechende Entscheidungshilfen zu geben. Darüber hinaus ist es wichtig, eine breite Öffentlichkeit über die Auswirkungen und Rückwirkungen menschlichen Tuns aufzuklären ...«

Dieser Aufgabe, der breiten Öffentlichkeit den neuen Ansatz zugänglich zu machen, der letztlich in allen Unternehmensbereichen Eingang finden kann (und inzwischen schon vielfach gefunden hat!) soll diese Taschenbuchausgabe noch stärker entgegenkommen. Denn inzwischen liegt das Instrumentarium, dem wir den Namen »Sensitivitätsmodell« gegeben haben, als anwendbares Verfahren vor.[3]

So schrieb der Vorsitzende des Deutschen Nationalkomitees MAB der UNESCO, Ministerialrat Goerke, zu dem aus dem Denkansatz dieses Bu-

ches entwickelten Planungsverfahren – und dies sei hier sozusagen als Ausklang mit Blick auf die Zukunft zitiert:

»Ich bin der Auffassung, daß mit dem vorgelegten Sensitivitätsmodell ein wesentlicher Beitrag zur Verbesserung von Planungsentscheidungen in Industrie- und Entwicklungsländern geleistet werden kann. Mit Hilfe des angebotenen Instrumentariums können Fehlentwicklungen allmählich und zielstrebig beseitigt und bei Neuentwicklungen in Zukunft besser vermieden werden. Das Sensitivitätsmodell beruht auf einem Ökologieverständnis, das weit davon entfernt ist, sich alleine mit dem Schutz irgendwelcher Teile unseres Lebensraumes zufrieden zu geben. Es versucht vielmehr, alle Aktivitäten und alle Bedürfnisse des Menschen und der Umwelt in seine Überlegungen einzubeziehen und versucht aufgrund der Erkenntnis der Zusammenhänge eine Harmonisierung des Raumes. Den Hintergrund bildet dabei das Konzept der Überlebensfähigkeit durch Selbstregulation und Flexibilität, die durch eine möglichst weitgehende Beachtung der biokybernetischen Grundregeln am besten gewährleistet ist.«

Netzwerk Ballungsgebiet

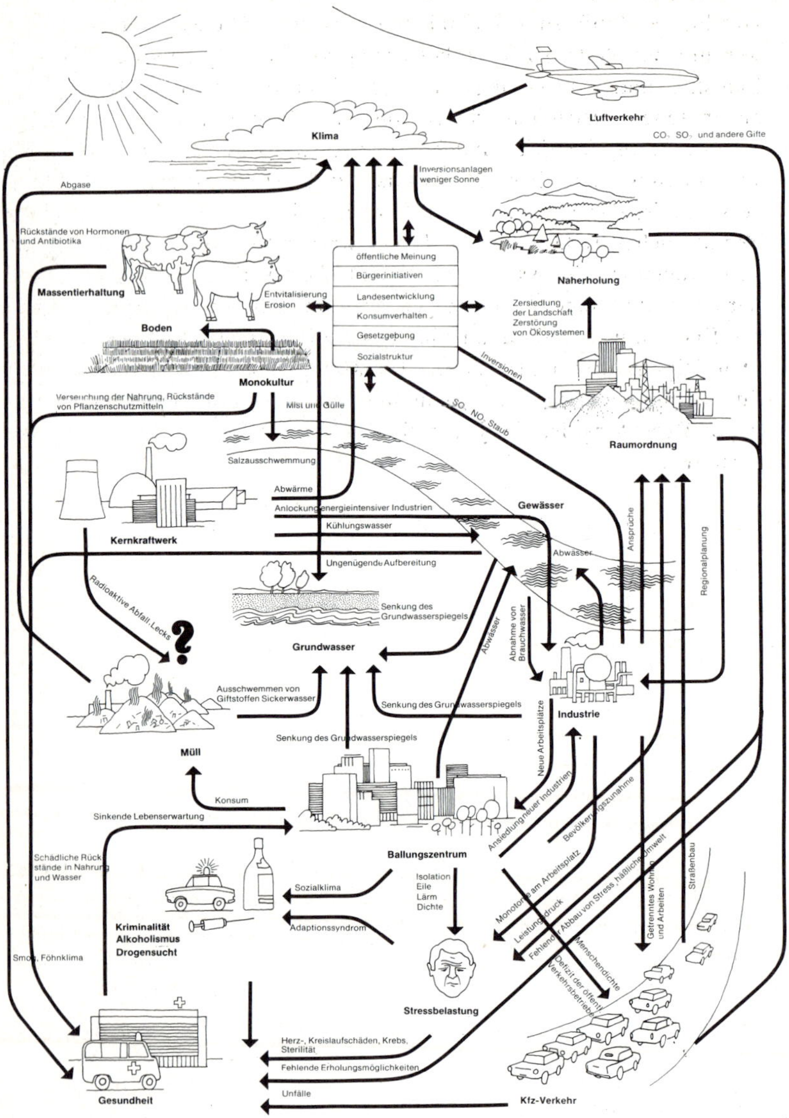

1

Eine autogerechte Stadt (Miami, Florida)

Warum neue Entscheidungshilfen?

Unerwartete Rückschläge

Immer häufiger sind es Überraschungen von unerwarteter Seite, die uns auf diesem Planeten zu schaffen machen. Plötzliche Änderungen auf einem Gebiet, in das wir bewußt gar nicht eingegriffen haben. Es sind Folgen von Einwirkungen, die nicht dort zu Ende sind, wo sie zunächst hinzielen, sondern die offenbar über ein dichtes Netz von unsichtbaren Fäden auf geheimnisvolle Weise miteinander in Verbindung stehen und dabei über unerkannte Rückkopplungen – manchmal sofort, manchmal mit zeitlicher Verzögerung – ins Gegenteil dessen umschlagen können, was beabsichtigt war.[4]

– Eine Bakterienbekämpfung mit Antibiotika in der Massentierhaltung führt zur Resistenz der Bakterien und erhöhter Anfälligkeit, ja sogar zu plötzlichem Übergreifen auf den Menschen, wie bei der japanischen Ruhrepidemie 1969, der Typhusepidemie in Mexiko 1972 und der Ruhrepidemie in Guatemala 1974, die alle durch kein Antibiotikum mehr zu bekämpfen waren. Seit 1986 sind auch bei uns Anfälligkeit und Todesfälle durch antibiotikaresistente Salmonellen, die sich mittlerweile in allen Abwässeranlagen befinden, immer mehr angestiegen.[5]

- Eine Anlockung steuerbringender Industrien in wirtschaftlich schwache Gebiete unter Außerachtlassen der Umweltbelastung führte vielfach zu unerwarteten, zum Teil nicht mehr alleine zu bewältigenden Folgelasten für die Gemeinden. So zum Beispiel die Rückwirkungen unbekümmerter Eingriffe auf dem Wassersektor:
- Der Selbstreinigungsprozeß der Flüsse und Seen wurde durch steigende Mengen ungenügend gereinigter Abwässer überstrapaziert und begann zusammenzubrechen. Abgestorbene Gewässer, sinkender Grundwasserspiegel, verseuchtes und vergiftetes Grundwasser, Trinkwassermangel, teure Klärwerke, Verseuchung der Nahrung und verwaiste Erholungsgebiete waren dic Folge. Verluste und Kosten, die ein Vielfaches dessen betrugen, was man zu sparen erhoffte.[6]
- Der hohe Lebensstandard durch Technisierung und steigenden Energieeinsatz sollte den Kampf ums Dasein erleichtern, unser Leben sorgloser und gesünder machen. Das Gegenteil geschah. Die sogenannten Annehmlichkeiten und ihre Folgewirkungen haben uns anfälliger gemacht, daß trotz immer aufwendigerer medizinischer Versorgung unsere ständig steigende mittlere Lebenserwartung seit 1970 wieder stagniert und sich der Lebensabschnitt chronischen Krankseins immer weiter nach vorne verschiebt. Rückwirkungen einer verzerrten Lebensweise:
  - Streßbedingte Krankheiten (volkswirtschaftlicher Verlust pro Jahr: 13 Milliarden DM)[7]
  - steigende Herz- und Kreislaufschäden (von 183000 Sterbefällen 1953 auf 342669 im Jahr 1987)[8]
  - Krebserkrankungen (von 94000 Sterbefällen 1952 auf 166526 im Jahr 1987)[8]
  - psychische Erkrankungen (laut WHO-Berichten inzwischen 20 Prozent in Wohlstandsländern gegenüber 3% im Weltdurchschnitt)[9]
  - Resultat: in der Bundesrepublik allein jährlich fast 400 Millionen Betriebskrankentage (der AOK gemeldet), das heißt 50 Milliarden DM Verlust durch Arbeitsausfall, über 100 Milliarden durch das Kranksein selbst.[7]
- Der gewaltige Energie- und Materialeinsatz führte hier statt zu leistungsstarken Menschen zu einer Spezies, die durch Krankheit und Leistungsabfall, durch um sich greifende Drogensucht, Alkoholismus und Kriminalität immer labiler wird und unfähiger, jene technischen Hilfsmittel sinnvoll zu gebrauchen. Das Ganze gefolgt von einem Rekordanstieg der

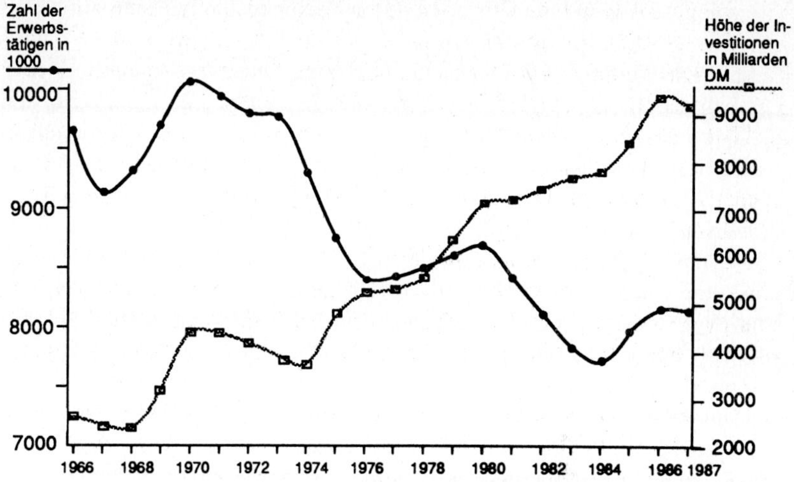

Investition und Arbeitsplatzentwicklung 1966–1987 im produzierenden Gewerbe (nach Stat. Jahrbuch)

Soziallasten um jährlich rund 15 Prozent, der alle anderen Kostenexplosionen überflügelt.[9]

– Investitionen in Produktionsmaschinen und Energieerzeugung gingen noch vor 20 Jahren mit einem Beschäftigungsboom einher, weil die durch Mechanisierung und Rationalisierung freigesetzten Arbeitskräfte durch ein heute längst nicht mehr mögliches steiles Wirtschaftswachstum aufgefangen werden konnten. Das starre Festhalten am alten Investitions- und Konjunkturdenken funktioniert plötzlich nicht mehr und hatte unerwarteterweise einen gegenteiligen Effekt: In der Tat wurde trotz einer jährlich steigenden Investitionsspritze von vielen Milliarden Mark die Arbeitsplatzbewegung mit Beginn der sechziger Jahre auf einmal rückläufig (siehe Abb. oben).[10]

Mit unserer an einfache Ursache-Wirkungs-Schemata gewohnten Denkweise begreifen wir gerade noch direkte Schädigungen wie Gifteinleitung in Gewässer, Luftverpestung oder Ausrottung von Tierarten, aber wundern uns bereits, wenn zunächst gar nicht als nachteilig empfundene Entwicklungen wie Straßenbau oder Flurbereinigung natürliche Ökosysteme allmählich zerstören; und erst recht, wenn sogar außerhalb der Natur die Störung von scheinbar stabilen und einst profitablen Systemen zu deren Zusammenbruch führt, etwa wenn Ballungszentren wie New York und Los Angeles oder auch Lagos, Mexico-City oder Sao Paolo plötzlich genauso wie ein

»umgekipptes« Gewässer nur noch durch Riesenkosten mühsam am Funktionieren gehalten werden können.

Ähnliche Umkippeffekte zeigt die hochtechnisierte und kapitalintensive Landwirtschaft. Durch Intensivanbau und Monokulturen beträgt in den USA der jährliche Substanzverlust an Mutterboden 5 bis 20 Tonnen je Acre, das entspricht 1,25 bis 5 Kilogramm je Quadratmeter und Jahr. Diese Erosionsbeträge bedeuten langfristig eine ernsthafte Bedrohung der Bodenfruchtbarkeit der USA.

Die »Dust-Bowl« der dreißiger Jahre, verursacht durch falsche Anbauweise, die eine »Völkerwanderung« der Farmer nach Westen auslöste, war kaum vergessen, als es 1972 zu einer weiteren Naturkatastrophe kam, bei der 3000 Millionen Tonnen fruchtbaren Bodens durch den Wind fortgetragen wurden. Dadurch verloren wiederum Tausende von Farmern den Boden ihrer Felder und damit ihre Lebensgrundlage.[11] Mit Beginn der achtziger Jahre hatten die steigenden Betriebskosten längst den Marktpreis überflügelt, so daß trotz Rekordernten in manchen Perioden bis zu 2000 Farmer wöchentlich »out of business« gingen – und die beteiligten Banken mit ihnen.

Solche unerwarteten Rückschläge finden wir nicht nur in den Industrienationen mit ihrer gewaltigen Umweltbelastung, sondern auch in weit weniger technisierten Ländern.

Das Abholzen der Wälder im Mittelmeerraum und die Beweidung mit Herden haben zwar schon im Altertum einen erneuten Bewuchs verhindert. Doch war dies damals keine Katastrophe, sondern hat lediglich ausgedehn-

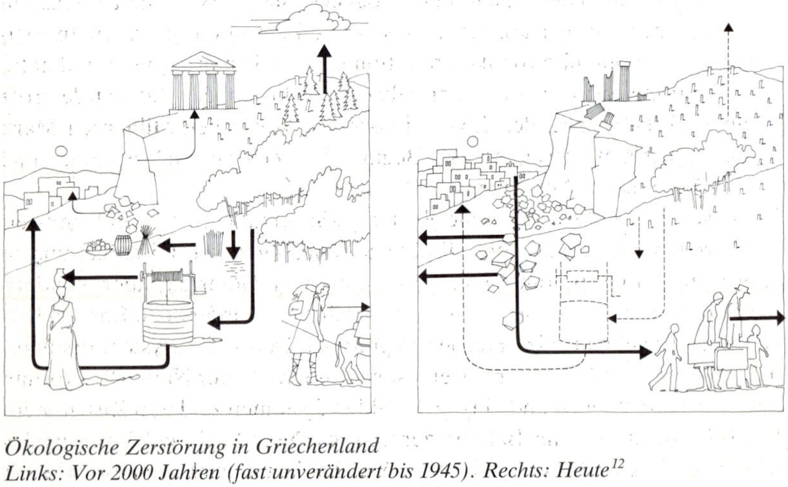

Ökologische Zerstörung in Griechenland
Links: Vor 2000 Jahren (fast unverändert bis 1945). Rechts: Heute[12]

tere Wanderungen der Nomadenstämme hervorgerufen. Die wenigen Stadtstaaten, zum Beispiel in Griechenland, konnten allemal mit Nahrung versorgt werden.

Anders heute, wo in Griechenland eine zweite Welle von Waldvernichtung eingesetzt hat, die nicht zuletzt durch die Verzehnfachung der Marmorbrüche und die Störung des Wasserhaushalts zu einer sich dramatisch ausbreitenden Bodenerosion führt. Das Grundwasser sinkt ab, die landwirtschaftliche Produktion geht zurück, und die bereits verschmutzten Flüsse beginnen durch Nährstoffbelastung umzukippen und als Trinkwasserlieferant auszuscheiden. Die Gemeinden können sich keine teuren Kläranlagen leisten und verwaisen. (Hierzu einige Zahlen: Von den 13,2 Millionen Hektar Gesamtfläche Griechenlands wurden von 1945 bis heute rund 2,1 Millionen Hektar landwirtschaftliche Fläche, vor allem im Hügel- und Bergland, total zerstört. Weitere rund 3 Millionen Hektar, davon allein 1 Million in der Ebene, wurden in ihrer Agrarproduktion schwer geschädigt. Die Bewaldung ging im gleichen Zeitraum zum Beispiel auf dem Penteli-Berg, Akropolis, von 80 Prozent auf 30 Prozent zurück.[12])

Auch die zunächst begrüßenswerte Erhöhung des Viehbestandes in der Sahel-Zone durch Bekämpfung der Tse-Tse-Fliege machte aus der klimatischen Dürre erst eine Katastrophe.[13] Dieser Zusammenhang ist als eindrucksvolles Beispiel vernetzter Rückkopplungen auf Seite 63 noch eingehender dargestellt.

Ähnlich unerwartet, wenn auch in anderer Weise negativ, waren die Rückwirkungen in Ägypten durch den Bau des Assuan-Staudamms, des großartigen Projekts zur Landbewässerung, welches wie viele ähnliche Pläne gründliche ökologische Überlegungen vermissen ließ. So übertraf zum Beispiel die Verdunstung des Stauwassers alle Berechnungen (durch sich ausbreitende Wasserhyazinthen, die zudem noch zur Brutstätte für Bilharziose übertragende Schnecken wurden). Das nährstoff- und schlammarme Stauwasser verlangte künstliche Düngung im Niltal und erodierte zunehmend die Flußufer, Dauerbewässerung versalzte die Felder, und das Delta stellte sein Wachstum ein. Selbst die Küstenfischerei wurde durch den Nährstoffmangel vorübergehend ausgelöscht. Alles Spätfolgen, wie sie – entsprechend unserem Schaubild auf Seite 20 – durch vernetzte Wechselwirkungen zustande kommen.[14]

Netzwerk Assuan-Staudamm

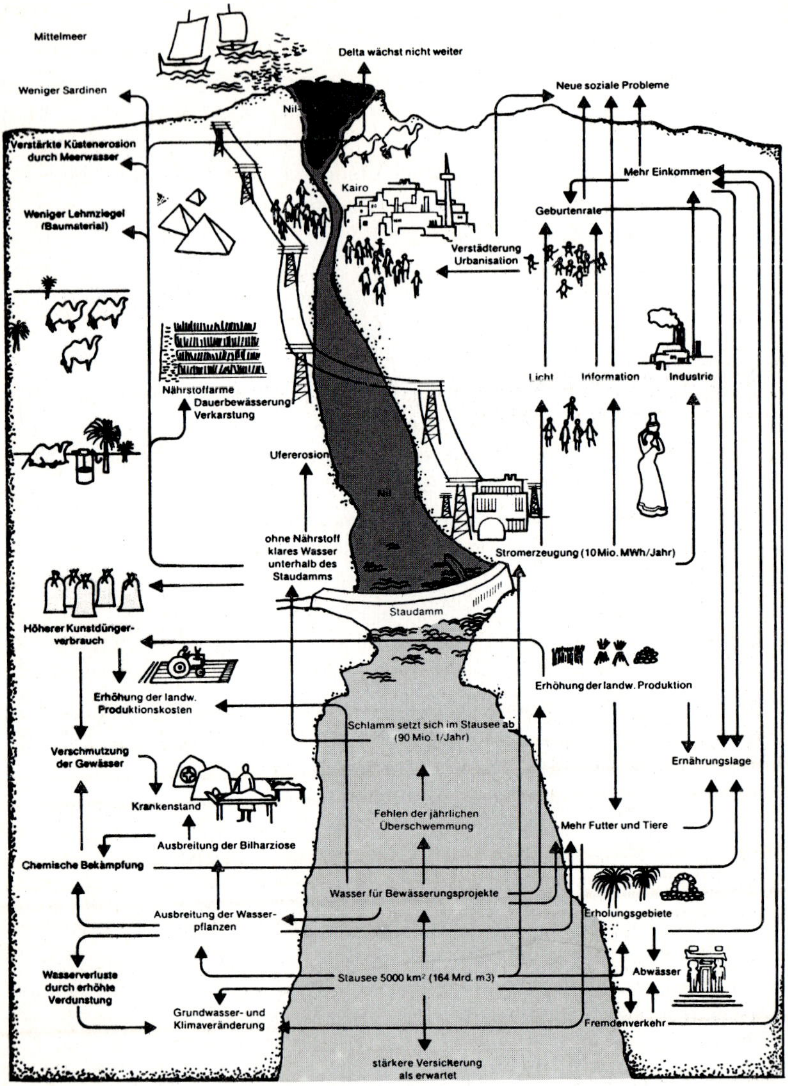

Was ist ein System?

Ein Haufen Sand?

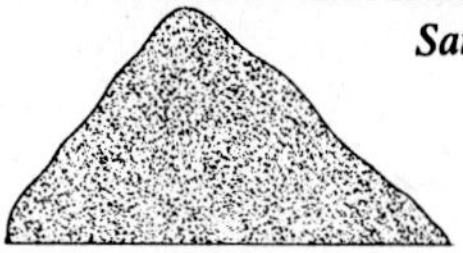

Ein Baum?

Eine Fabrik?

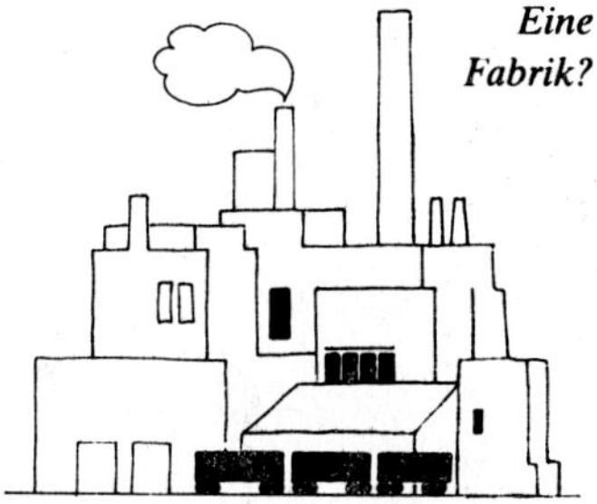

Ein Ballungsraum?

Nun, die wichtigste Eigenschaft eines Systems ist, daß es aus mehreren verschiedenen Teilen besteht, daß diese jedoch nicht wahllos nebeneinander liegen, sondern zu einem bestimmten Aufbau vernetzt sind.

Ein Haufen Sand ist in diesem Sinne kein System. Man kann Teile davon vertauschen, kann sogar eine Handvoll wegnehmen oder hinzutun, es bleibt immer noch ein Haufen Sand. Bei einem System ist das nicht möglich, ohne daß sich die Beziehung aller Teile zu allen und damit der Gesamtcharakter des Systems ändern würde.

Die Teile eines Systems sind also nicht zufällig zusammengewürfelt, sondern stehen in einer bestimmten Ordnung zueinander. Sie bilden ein komplexes Gefüge von Wirkungen. In diesem Sinne sind alle oben gezeichneten Beispiele bis auf den Haufen Sand ein System. Systeme dieser Art sind jedoch nicht nur Komplex, sondern darüber hinaus auch offen und erhalten sich durch Austausch mit der Umwelt.

Daher können auch die Teile eines Systems in sich ein System sein. Zum Beispiel eine Fabrik in einem Ballungsraum, oder eine städtische Behörde, eine Zeitungsredaktion, das öffentliche Transportsystem, das Straßensystem, die Grünflächen und Wälder, der einzelne Mensch, ein Hund, eine Fliege und so weiter. Sie alle sind Systeme.

Wenn mehrere vorher getrennte Systeme in enge Beziehung treten, kann daraus ein neues, übergeordnetes System entstehen. Dies muß aber nicht so sein. So sind die einzelnen Atome des Sandhaufens – die alle für sich ein sich selbst erhaltendes, dynamisches System sind – zusammengenommen wieder nichts anderes als eben ein Haufen Sand.[14]

Ein dichtes Netz wird zum System

Worin besteht nun der entscheidende Unterschied der modernen Zivilisation im Vergleich zu früheren Zeiten? Einem außerplanetarischen Beobachter würde mit Sicherheit die plötzliche Zunahme der Menschendichte auf diesem Planeten mit dem Beginn der Neuzeit, also im Laufe der letzten 300 Jahre aufgefallen sein: vor allem aber die zunehmende Dichte der von ihm geschaffenen »Systeme« wie Städte, Straßen, Fabriken, Landwirtschaft, Bergbau und Verkehr. Gerade zwischen diesen künstlichen Systemen unserer Zivilisation, ihren Auswürfen und Auswüchsen, ist kaum noch freier Raum. Ein Raum, der früher unsere Eingriffe in die Biosphäre ausgleichen konnte, puffern konnte. Die ehemals »unendlichen« Reservate von Luft, Wasser, Boden, Flora und Fauna sind zu diesem Ausgleich nicht mehr fähig. Denn Technik und Industrialisierung sind in ihren Auswirkungen auf die Umwelt auf ein Mehrhundertfaches dessen angestiegen, als es dem Anwachsen der reinen Zahl der Spezies Mensch entspricht.[4]

Damit ist unsere Zivilisation zu einem dichten, weltumspannenden Netz geworden. Je größer die Vernetzung, um so mehr häufen sich aber auch die Rückwirkungen und Folgen auf irgendwelche Eingriffe, ganz besonders also in den Ballungsräumen der eng besiedelten hochindustrialisierten Länder.

Der Sprung auf eine neue Organisationsstufe

Wenn die Menschheit und das, was sie produziert und gestaltet, so eng aufeinanderrückt, daß ein neues System vernetzter Wirkungen entsteht, so beginnt hier dasselbe, was auch passiert, wenn zum Beispiel viele Amöben zusammenkommen. Bei geringerer Dichte teilen und vermehren sich diese einzelligen Organismen völlig unabhängig voneinander. Es gibt jedoch Bedingungen, wo ihre Dichte zu groß wird und eine neue Organisationsstufe verlangt. In diesem Falle ändern sie plötzlich ihr Verhalten. Sie strömen zu kompakten Klumpen zusammen, übernehmen dort unterschiedliche Aufgaben und bilden einen neuen Organismus – einen Schleimpilz, der dennoch voll und ganz aus Amöben besteht.[16] Auch hier hängt plötzlich alles zusammen und wirkt aufeinander. Damit jedoch das Ganze überhaupt lebensfähig bleibt, wurde es zu einem System höherer Ordnung.

Warum sind die vom Menschen geschaffenen Systeme plötzlich so wichtig geworden?

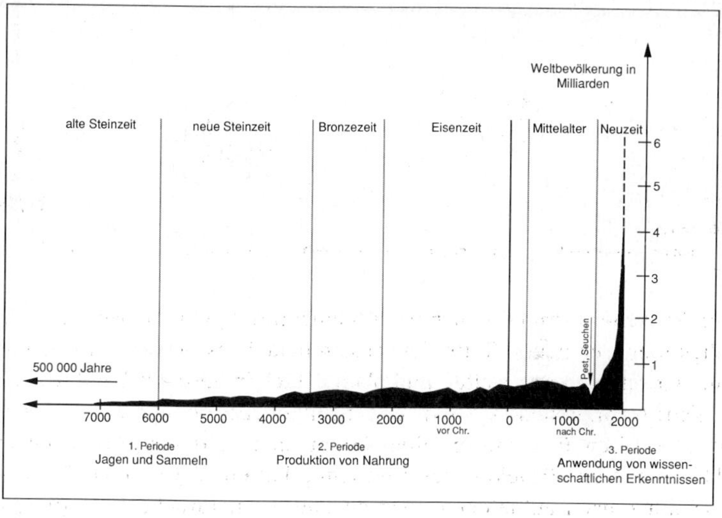

Die Menschen und die von ihnen geschaffenen künstlichen Systeme (Straßen, Siedlungen, Fabriken, Bergbau, Landwirtschaft und so weiter) lagen auf diesem Planeten lange Zeit relativ weit auseinander und beeinflußten sich wenig. Durch die zunehmende Dichte der Menschheit sind jedoch diese Systeme so stark aufeinandergerückt, daß eine Vielfalt von chemischen, physikalischen, energetischen und sozialen Wechselwirkungen zwischen ihnen, dem Menschen und der Biosphäre entstanden sind. Wechselwirkungen, die ein neues, übergeordnetes System hervorriefen: das der menschlichen Zivilisation auf diesem Planeten.

Ein solches System muß aber nicht notwendigerweise stabil, das heißt überlebensfähig sein. Es kann auch zugrunde gehen. Und mit ihm – im Unterschied zu vorher – alle inzwischen miteinander vernetzten Teilsysteme. Dies stellt uns heute vor ökologische, soziologische, wirtschaftliche und politische Probleme, wie sie die Menschheit bisher noch nicht kannte.[17]

Wenn etwas vernetzt ist, heißt das, daß die einzelnen Teile aufeinander wirken. Entweder sie wirken falsch aufeinander, dann geht das Ganze wieder kaputt, oder sie wirken in richtig abgestimmter Weise aufeinander, dann überlebt es – und wird sozusagen ein neuer Organismus. Je frühzeitiger man die Zusammenhänge und Wechselwirkungen eines neuen Systems erkennt, desto eher kann man entsprechend vorbeugende Maßnahmen treffen.

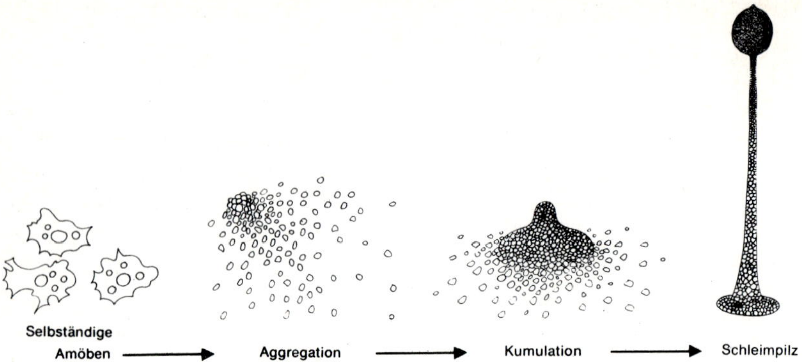

Ein ähnlicher Prozeß ist auch bei uns eingetreten, nur daß wir die Gesetzmäßigkeiten der neuen Stufe des Zusammenlebens noch nicht erkennen. Denn wir schalten und walten und planen auch in unserem Land so, als ob wir nicht 60 Millionen, sondern erst 1 Million Einwohner wären, da und dort eine Eisenhütte wie im alten Germanien betrieben, pro Kopf eine Ackerfläche von 40 Hektar zur Verfügung hätten, die großen Flüsse alle Verschmutzungen aufnehmen könnten und die natürliche Verrottung der Abfälle in eine reichhaltige Tier-, Pflanzen- und Mikrobenwelt integriert und von ihr anstandslos besorgt würde.

Man glaubt, daß lediglich alles mehr geworden sei, sich die *Quantität* verändert habe und man nur mit genügend großen Kräften an die Probleme herangehen müsse. Doch es ist die *Qualität* der menschlichen Zivilisation, die sich mit jenem Dichtesprung geändert hat und die somit auch qualitativ völlig andere Dimensionen des Denkens und Handelns verlangt. Nicht nur Amöben, sondern jede Population, die rapide zunimmt, und erst recht eine solche, die wie die Menschen sogar nicht nur selber, sondern auch mit ihren künstlichen »Lebewesen« wie Autos, Fabriken, Konsumgütern, Schlachthöfen, Informationsnetzen und so weiter plötzlich so anwächst, daß sie eine neue Dichteschwelle überschreitet, muß sich dieser neuen Dichte und der damit verbundenen Vernetzung aller Teilbereiche anpassen. Sie muß ein anderes Verhalten, eine entsprechende Organisation, ein entsprechendes Bewußtsein entwickeln – oder sie wird früher oder später in einer Katastrophe auf die frühere Dichtestufe zurückfallen beziehungsweise ganz ausgelöscht werden.

Biologie und Verhaltensforschung zeigen uns, daß diese kritischen einschneidenden Stufen bei allen Lebewesen, von den Bakterien bis zum Menschen, zu beobachten sind: von der ersten Kommunikation durch Warnlaute, zum Beispiel um das Revier abzugrenzen, zur nächsten Schwelle, wo schon gegenseitige Verständigung in der Gruppe, zum Beispiel bei der Futtersuche, nötig ist, und weiter zur Zusammenarbeit und Hilfe in der Gruppe mit entsprechenden Sozialordnungen bis zur gemeinsamen Umweltgestaltung, Einrichtung von Behausungen und so weiter. Eine Entwicklung, die jedoch durchaus nicht immer reibungslos verlaufen muß. Jede Dichteschwelle birgt die Gefahr einer Katastrophe in sich.[18] Sobald sich etwa bisher isolierte Lebensräume überschneiden, läßt der eintretende sogenannte Dichtestreß, zum Beispiel durch die Begegnung mit dem konkurrierenden Artgenossen, zwei Möglichkeiten zu. Entweder macht er krank, steril, aggressiv, was alles zur Vernichtung von großen Teilen der Population und damit wieder zu geringerer Dichte führt; oder aber er zwingt zur Anpassung an die neue Dichte, das heißt zu einem anderen Verhalten.[19]

Soll also die höhere Dichte bestehen bleiben und eine Katastrophe verhindert werden, so muß dies, ganz gleich bei welcher Schwelle, zwangsweise zu einer vorher nicht existierenden Organisation, zu einem höheren System führen; sei es bei Amöben, bei Ameisen, bei Baumspitzhörnchen oder beim Menschen.

Der fortschreitende soziale Wandel zeigt dies nur allzu deutlich. Denken wir nur an die Änderung unserer Einstellung zum anderen Menschen, die sich mit einer zunehmend entfremdeten Technisierung und der übermächtigen Bedeutung der beruflichen Karriere immer weiter weg vom biologi-

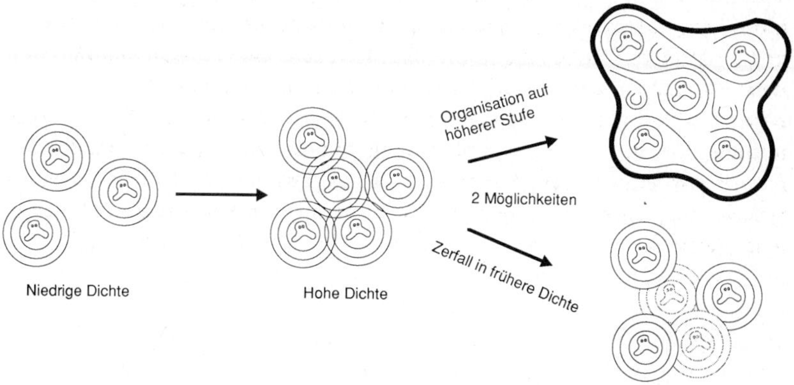

schen Urgrund entfernt, ja pervertiert hat. Begonnen mit dem Leistungszwang in der Schule, der dort eingeleiteten »Erziehung zum Einzelkämpfer« und ihrer Fortsetzung im Beruf, wo es meist gilt, den anderen auszustechen, sind wir fast systematisch zu einem für das »Gruppenwesen Mensch« lebensfeindlichen Verhalten erzogen worden. Statt Symbiose finden wir Konkurrenz, Helfen wird zum »Opfern«, Sich-helfen-Lassen zur Last.

Die Folge ist eine steigende Streßbelastung, gekoppelt mit verminderter Lernfähigkeit und dadurch eine zunehmende Unfähigkeit, die komplexen Probleme unserer Welt zu verstehen und mit ihnen fertig zu werden. Um zu verhindern, daß wir weiter in ausweglose Situationen steuern, müssen wir daher zunächst einmal die Verkrampfung lösen und zu uns selbst finden – die wir eben nicht nur aus unserem Intellekt, sondern auch aus Zellen und Säften bestehen: aus hormonellen Regelkreisen, Nervenimpulsen, Gefühlen und Intuition; aus Bewegung und Rhythmus, Sexualität und Streß. Nur aus diesem Erlebnis der eigenen Natur werden wir neue Wege finden, werden wir es fertig bringen, umzuschalten auf einen neuen Denk- und Erziehungsprozeß.[34]

Diese Entwicklung strahlt auf alle Bereiche der zwischenmenschlichen Kommunikation aus. Nehmen wir nur den Sektor Freizeit, mit dem sich meine Studiengruppe im Rahmen einer Systemstudie intensiver beschäftigt hat.[20] Freizeit sinnvoll erleben – als wirkliches Auftanken, als Aufatmen und Sich-selbst-Finden – wird uns nur gelingen, wenn wir die Pathologie des Berufslebens nicht auch dort noch fortsetzen, sondern ihr entgegenwirken und sie damit neutralisieren. Aus der Systemuntersuchung ging hervor, daß damit ein Freizeitkonzept verwirklicht werden sollte, das nicht alle »Sünden« der Berufswelt auch noch in die Freizeit mit hinübernimmt: den Konkurrenzneid, das Ausstechen des andern im Einzelwettkampf, die Prestigesucht mit dem teureren Hobby oder dem eleganteren Outfit, die Ellenbogenmentalität beim Sichern des besten Platzes. Das heißt, daß wir vermeiden müssen, ausgerechnet in der Freizeit erneut Hierarchien und Rangordnungen aufzubauen, die Sinnlosigkeit der Fließbandarbeit auf ebenso stumpfsinnige Trimmgeräte, Flipperautomaten und auf die Fortbewegung in Autoschlangen zu übertragen und all dies noch in einer ebenso kommunikationsfeindlichen, unharmonischen und stressenden Umgebung, wie sie unsere Bürogebäude und Betriebe vielfach ausstrahlen.

Damit entsteht zum Beispiel ein Konzept der Naherholung, ja der Stadterholung, das nicht wieder das verpflichtete Erleiden, sondern das Genießen aller Aktivitäten oben anstellt; nicht das Sich-Absondern und Profilieren, sondern das Helfen und Helfen-Lassen; nicht quälenden Leistungsdruck, sondern lustvolles Lernen, lustvolles Schaffen und Gestalten, ohne all jene Stressoren. Ein solches Konzept – und hier liegt eine weit über den

Freizeitgedanken selbst hinausgehende Hoffnung – mag dann auf die Berufswelt, auf das Familienleben und letztlich auf das Verhalten in unserer Gesellschaft zurückstrahlen, welches zur Zeit von deutlichen Anzeichen eines aufkommenden sozialen Dichtestreß geprägt ist.

Lineare Planung verhindert Selbstregulation

Mit dem Fortschreiten unserer Zivilisation und ihrer Ausdehnung haben wir gleichwohl noch nicht den nötigen Übergang auf eine Betrachtungsweise vollzogen, die der eingetretenen Verdichtung adäquat wäre. Unter immer stärkerer Mißachtung der organisatorischen Grundgesetze überlebensfähiger Systeme sind wir bei einer Haltung verblieben, die vielleicht bei einer früheren Dichte und entsprechend geringer Vernetzung angemessen war und die nun glaubt, mit immer größerem Energieeinsatz und immer schnellerer Produktherstellung all der Schäden und Rückschläge einzeln Herr werden zu können, die dieses unbekümmerte Draufloswirtschaften zunächst für unseren Lebensraum – und nun auch immer mehr für uns selbst – mit sich bringt.

Welch aussichtsloses Unterfangen! Wir sind dadurch in ein immer schnelleres Aufschaukeln, in einen Teufelskreis hineingeraten, der unweigerlich zum Zusammenbruch desjenigen Systems oder auch Teilsystems führt, in dem dies stattfindet.[4]

Auch hierzu ein reales Beispiel, das die Abbildung auf Seite 28 illustriert: Die hochmoderne, aber völlig unökologische Ausbeutung der natürlichen peruanischen Rohstoffquellen, Sardellen und Guanodünger, hatte nach kurzer Zeit zum Zusammenbruch wichtiger Wirtschaftszweige Perus geführt. Es begann damit, daß die zunehmend den Außenhandel des Landes tragende Fabrikation von Fischmehl (einem der wertvollsten Viehfutterzusätze) durch eine starke Steigerung der Anchovisfänge intensiviert werden sollte (siehe Abb. 1). Von hochdotierten, tüchtigen Experten wurde ein Großmanagement ausgearbeitet, das von allen Seiten als leuchtendes Beispiel einer gut durchdachten Wirtschaftspolitik gepriesen wurde (siehe Abb. 2) – und doch nach einem kurzen Boom ins Chaos führte.

Was war geschehen? Man hatte bei den auf Gewinnmaximierung angesetzten Kalkulationen, die zwar wissenschaftlich exakt, aber eben nur fachorientiert, das heißt systemimmanent durchgeführt worden waren, ökologische Parameter, wie bestimmte veränderliche Meeresströmungen, unbe-

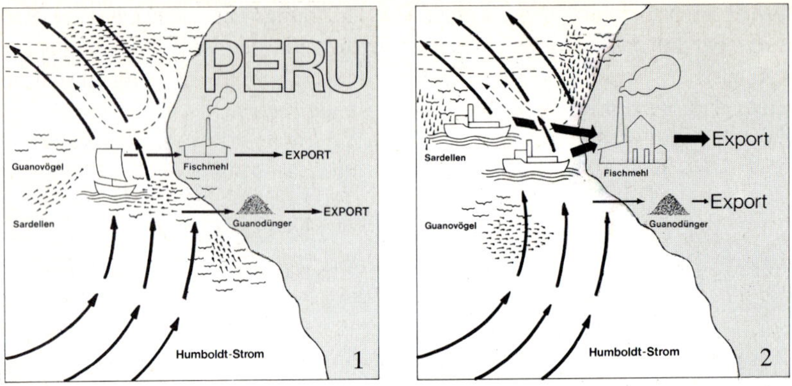

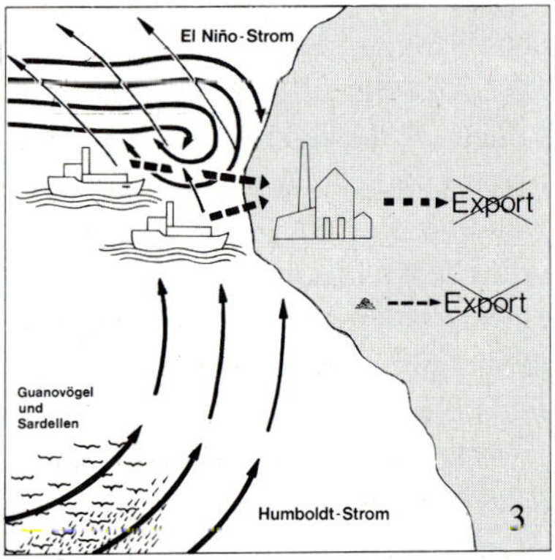

Ressourcen-Raubbau in Peru durch unökologisches Management

achtet gelassen und daher die Fangquoten falsch angesetzt. Die Fischgründe waren plötzlich erschöpft, sie gingen in drei Jahren von 12,5 Millionen Tonnen auf ein Fünftel dieser Menge zurück, und auch die Guanovögel, die sich von ihnen ernährten und deren Dung die zweite glänzende Absatzquelle ergab, waren ebenso plötzlich verendet oder hatten sich nach anderen Gegenden verzogen (siehe Abb. 3).[21]

Fazit: Mit bester Absicht wurde eine Monowirtschaft ins Extrem getrieben und vernichtete sich prompt selbst, weil man die Regelkreise, von denen sie ein Teil war, ignorierte.

Als weiteres Beispiel sei hier die unsystemische Vorgehensweise bei der Planung des Flughafens München II im Erdinger Moos wie auch der Startbahn West in Frankfurt erwähnt.[22]

Statt eine systemorientierte Analyse durchzuführen, die die Aspekte von Natur und Landschaft, des Wirtschaftsfaktors Luftfahrt, der Wirtschaft des Gesamtgebiets, der Humanökologie, der Arbeitsplatzfrage, der Politik, der

Gesamtinfrastruktur, der Energie und der zukünftigen Verkehrsentwicklung und ihrer Wechselwirkungen untersucht, hat man lediglich vergangene Trends der Wirtschafts- und Verkehrsentwicklung hochgerechnet. So ist es zu einer Anfertigung von Teilgutachten gekommen, auf deren Basis sich die Diskussion im Laufe der Zeit auf die Positionen »Umweltschutz kontra wirtschaftliche Entwicklung« zugespitzt hat, ohne die Zusammenhänge zu beachten.

Und dies, obwohl man in der Vergangenheit schon öfter mit deterministischen Prognosen über Fluggastzahlen, etwa beim Flugplatz Köln-Bonn, weit über das tatsächliche Aufkommen hinausgeschossen war. So waren für München II als Argumentationsstütze für die Notwendigkeit des Großflughafens seinerzeit 12 Millionen Fluggäste für den Anfang der achtziger Jahre prognostiziert worden. Bis dahin waren es jedoch erst 6 Millionen, und selbst 1990 sind es erst 10,5 Millionen. Auffallend ist weiterhin, daß der ganze Eingriff mit seinen vielen Implikationen und dem gewaltigen finanziellen Aufwand – bis jetzt sind es schon über 7 Milliarden Mark – und auch dem Aufruhr, der mit dem Flughafenneubau im Erdinger Moos verbunden ist, letztlich für einen Kapazitätszuwachs in Kauf genommen wird, der erstens unrealistisch ist, der zweitens schon beim heutigen Fluggastaufkommen wegen der dort zu erwartenden Nebelsituationen wahrscheinlich durch noch mehr Verzögerungen, Ausfälle und Landungen auf Nachbarflughäfen beeinträchtigt würde, als dies bereits in München-Riem der Fall ist, daß drittens auch durch eine noch so große Flughafenkapazität der Luftraum – der eigentliche Engpaß – ja keineswegs entlastet, sondern noch mehr beansprucht wird und daß viertens »mehr Passagiere« noch lange nicht eine Belebung des bayerischen Raumes bedeuten; denn es dürfte sich dabei um ein gutes Drittel mehr an reinen Transitpassagieren handeln als um ankommende oder abfliegende Passagiere, also um solche, die hier etwas zu tun haben. Bis vor kurzer Zeit wurde zudem die Frage der Flughafenzubringer fast überhaupt nicht in die über 41000 (!) Planungsvarianten[23] miteinbezogen – mit dem Resultat, daß mangels geeigneter Straßen- und Schienenverbindungen ein unglaubliches Verkehrschaos auf den Münchner Raum zukommen dürfte. Wenn Anfang der achtziger Jahre noch mit einem Frachtaufkommen von 60000 Tonnen gerechnet wurde, so spricht man mittlerweile schon von 800000(!) Tonnen, und damit auch einer Belastung des Straßennetzes durch LKWs um ein Mehrfaches als bisher. Gerade die so gerne proklamierte Rolle der Großflughäfen als Drehscheibe im internationalen Luftverkehr könnte daher womöglich ausschließlich vermehrte Belastung bedeuten, ohne Gewinn für die jeweilige Region. Das dürfte für den »Gewinn« durch die Frankfurter Startbahn West genauso gelten wie für München II. Eine Funktion erfüllt ein Flughafen nur so lange, wie er im

Einklang mit der Gesamtentwicklung des Raumes steht! Und diese, um es noch einmal zu betonen, wurde in keinem der beiden Verfahren untersucht.

Die ganze Vorgehensweise ist ein typisches Beispiel für etwas, das man in der Anthropologie mit »Cargo-Kult« bezeichnet. So wurde von einigen Forschern in Neuguinea beobachtet, wie die Eingeborenen eines dortigen primitiven Stammes ein eigenartiges Verhalten an den Tag legten. Sie hatten offenbar bemerkt, daß sich an bestimmten Stellen des Landes große Vögel vom Himmel herabsenkten, um dem weißen Mann Cargo, also kostbare Ware, zu bringen. Nachdem ihre Späher herausgefunden hatten, daß dies auf gerodeten Waldflächen geschah, an deren Rand rotweiße Stangen, ein flatternder Sack, ein Baum ohne Blätter (nämlich der Antennenmast) und einige sich drehende Palmwedel (nämlich die Radaranlage) offenbar die entscheidenden magischen Symbole waren, die die Götter zur Herabsendung ihrer Geschenke bewegten, bauten sie sich einen solchen Platz mit rotweißen Stangen und flatterndem Sack an ihrem Heimatort. Seitdem sitzen sie in wechselnden Schichten mit Blick gen Himmel an seinem Rande und warten auf Cargo.

Ich habe den Eindruck, daß ähnlich wie diese Eingeborenen bei manchen unserer unsinnigen Großprojekte (Großflughäfen, Großkrankenhäuser, Großkraftwerke oder dem Main-Donau-Kanal) eine Reihe von Politikern und Wirtschaftlern bereits in Gedanken um die neue Großbaustelle herumsitzen und darauf warten, daß durch dieses äußere Symbol der Reichtum vom Himmel kommt. Vielleicht wird aber, ähnlich wie bei den Kopfjägern von Neuguinea, durch die neue Startbahn kein Flieger mehr eintrudeln, werden durch das neue Kraftwerk oder Krankenhaus die Kosten keineswegs heruntergehen und wird durch den neuen Kanal keine Mark mehr verdient als vorher, erst recht kein »Cargo« für einen Auftrieb der regionalen Wirtschaft, aber dafür beträchtliche Mittel gebunden und wichtige Naturfunktionen zerstört sein, nur um einem Symbol zu huldigen.

Das Gesetz vom Ausscheiden störender Teilsysteme

Es ist in der Tat ein unvermeidbares kybernetisches Gesetz der lebenden Welt, daß Teilsysteme, die wesentliche Grundregeln verletzen, die also aus Gleichgewichten ausscheren, Symbiosen mißachten, ihren Energieverbrauch multiplizieren und damit für das Gesamtsystem Biosphäre gefährlich werden, von alleine aus dem Lebensprozeß ausscheiden.

Es ist dies das alte Lied vom Krebs als einem egoistisch wuchernden Zellgewebe, das sich auf Kosten des Wirtsorganismus vermehrt, diesen zerstört und damit letztlich auch wieder sich selbst vernichtet.

Hier eine Beschreibung dieses Vorgangs in Analogie zur »Wucherung« unserer Verkehrssysteme:

Krebswachstum	Verkehrschaos
Ungehemmte Teilung und Vermehrung der Zellen zu Lasten des Gesamtorganismus.	Ungehemmte Automobilproduktion zu Lasten der Gesamtleistung der Gesellschaft.
Herauslösung des Krebswachstums als eigenständiger Faktor aus dem übergeordneten Regelsystem.	Herauslösung des Verkehrswachstums als mächtiger Wirtschaftsfaktor aus der Kontrolle der Gesellschaft.
Tod – auch des Krebses – durch Überlastung, Vergiftung und damit Zerstörung des biologischen Wirtsorganismus.	Zusammenbruch – auch der Autoindustrie – durch Überlastung (Rohstoffe, Energie), Vergiftung (Abgase, Lärm, Streß) und Zerstörung des gesellschaftlichen Wirtsorganismus.

In der Tat kam es gerade in der letzten Zeit zu Zusammenbrüchen vieler Firmen wie Fluggesellschaften (Laker Airways) und Bauunternehmen (Wibau A.G.), der Supertanker- und Werftindustrie, der AEG, des Wienerwaldkonzerns und Nixdorfs, bis hin zu ganzen Regionen wie dem amerikanischen »sun belt« zwischen Florida und San Diego und selbst ganzen Nationen wie Mexico, Venezuela oder Peru, die gerade deshalb kollabierten, *weil* sie ein explosives Wachstum erlebt hatten. Diesen Vorgang verdeutlichen die Abbildungen auf der folgenden Seite.

Jedes auf solche Art das Gesamtsystem störende Glied bringt sich so selbst nach einem kurzen explosionsartigen Wildwachstum – oder umgekehrt durch immer rascheres »Einfrieren« – aus dem Spiel. Die Biosphäre, diese subtilste und doch zugleich zäheste Membran, die sich um unseren Planeten spannt, hat sich damit von dem störenden Subsystem befreit und kann sich erneut stabilisieren: eines der Geheimnisse des biologischen Lebens, mit dem es die phantastische Zeit von mehreren Milliarden Jahren bis heute überdauert hat.

Auch das Auslöschen der menschlichen Zivilisation wird für diese Biosphäre trotz (und wegen!) unseres gewaltigen technischen Apparats kein Problem sein. Denn diese Technik ist nicht nur sehr grob und zeigt eine miserable Energiebilanz gegenüber den Technologien der Natur, sondern sie ist auch weit labiler als diese, was wir schon wiederholt an den ersten größeren Pannen wie dem Stromausfall in New York vor einigen Jahren beobachten konnten; ja, sie wird mit jedem Kernreaktor, mit jeder neuen

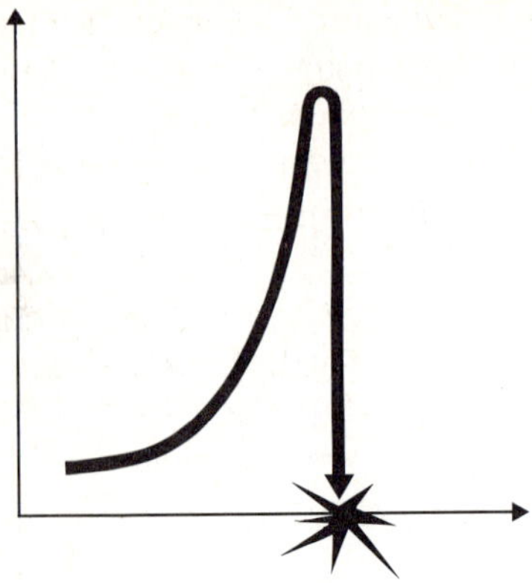

Der typische Verlauf so mancher durch menschliches Eingreifen forcierten Entwicklung

Die häufig zu beobachtende Entwicklung des Wachstums von Unternehmen und mehr und mehr ganzer Länder mit anschließendem Kollaps überrascht selbst viele Experten; auch sie haben nicht bemerkt, daß entscheidende Grenzwerte längst überschritten wurden

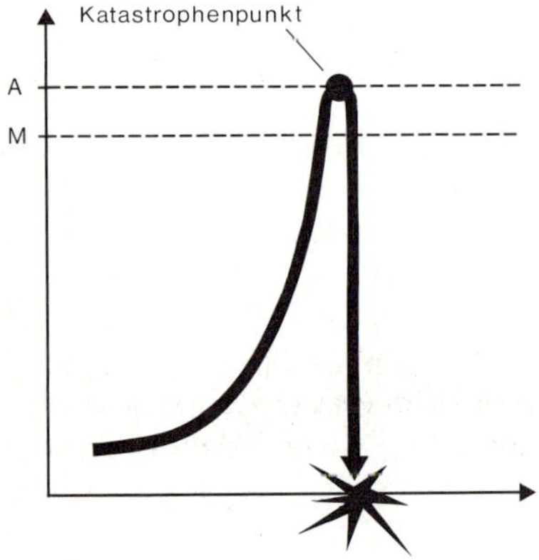

Die kybernetische Erklärung ist einfach: Überschreitet die Entwicklung die maximal tolerierte Stufe, so stößt sie irgendwann an einen absoluten Grenzwert, der das System zusammenbrechen läßt

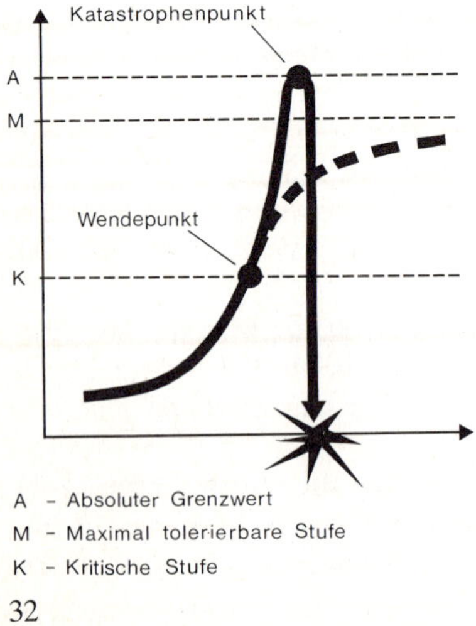

Die Lösung liegt darin, den kritischen Wendepunkt nicht zu verpassen und in Art der für alle überlebensfähigen Systeme typischen »logistischen Kurve« sich unterhalb des noch tolerierbaren Grenzwertes zu halten

Automatik und jeder neuen Verkehrsverbindung noch labiler. Da zudem noch alles, was wir schaffen und bewältigen können, vom menschlichen Geist und der menschlichen Psyche abhängt und mit deren Gesundheit steht und fällt, hat die Natur allein schon über diese Hebel genügend Möglichkeiten, sehr rasch eine Katastrophe einzuleiten.[4]

Solange unsere veränderte Situation nicht begriffen und die Vernetzung nicht gesehen wird – und wo sie gesehen, oft zu kompliziert dargestellt wird, um sie noch weithin verstehen zu können –, werden wir laufend immer größere Rückschläge erleben und unter dem immer wieder erneuten Zwang stehen, unsere Bemühungen zu verdoppeln, um mit steigendem Energie- und Materialeinsatz noch ein wenig weiter auf die alte Weise wirtschaften zu können. Kurz, wir brauchen neue Entscheidungshilfen.

2

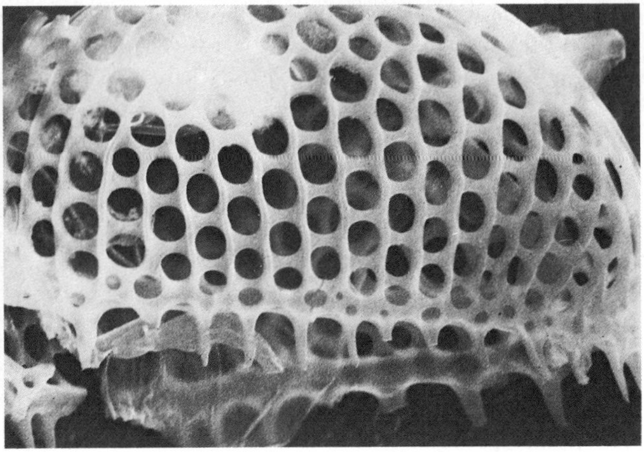

Die geniale Architektur eines Strahlentierchens (Radiolarie)

Woher neue Entscheidungshilfen?

Halten wir fest, daß die menschliche Zivilisation inzwischen ein weltumspannender monströser Organismus geworden ist. Ein Teilsystem, das die seiner Vernetzungsstufe entsprechende innere Gesetzmäßigkeit im Gesamtgeschehen der Biosphäre noch nicht gefunden hat. Da wir unsere Entscheidungen bisher selbstgesetzten primitiven Zwängen von möglichst rascher Ausbeute, möglichst schnellem Wachstum und möglichst hohem Energieeinsatz mit möglichst wenig Arbeitskräften angepaßt hatten, ist dieses Teilsystem in eine Krise geraten. Diese Krise ist offensichtlich keine vorübergehende Wirtschaftskrise; es geht nicht nur um das Überleben von bestimmten Unternehmen und Firmengruppen, sondern immer spürbarer um dasjenige der gesamten Zivilisationsgesellschaft, vielleicht sogar der ganzen Menschheit. Eine globale Krise also, die sich durch die Bevölkerungsexplosion, die rapide Rohstoffverknappung und die explosionsartige Verseuchung unserer Umwelt (mit der wir jedoch in Symbiose leben) immer deutlicher abzeichnet. Doch woher sollen wir die richtigen Entscheidungshilfen nehmen?

Eine Firma, die seit 4 Milliarden Jahren nicht Pleite gemacht hat

Das einzige System, welches bisher eine vernünftige Garantiezeit des Überlebens aufzuweisen hat, ist das biologische. Diese Lebenswelt existiert seit rund 4 Milliarden Jahren, und es lohnt sich sicher, einiges von einer Firma zu lernen, die über eine so lange Zeit nicht Pleite gemacht hat. So weit, so gut, wird man vielleicht sagen, doch was soll ein System aus Algen, Plankton, verletzlichen Tieren und zarten Pflänzchen unseren Wirtschaftsbossen mit ihren gigantischen Technologien schon vormachen können? Nun, diese zarten Pflänzchen machen immerhin einen Jahresumsatz von 200 Milliarden Tonnen Kohlenstoff und organischem Material, erzeugen dabei allein in ihren zahllosen Mikrokraftwerken, den Chloroplasten, 8000 Milliarden Megawattstunden an Solarstrom (und damit mehr Energie als eine ganze Million großer Kernkraftwerke), produzieren gleichzeitig 100 Milliarden Tonnen Sauerstoff und verarbeiten über ähnlich subtile Funktionsformen selbst an Schwer- und Leichtmetallen wie Eisen, Vanadium und Kobalt, Magnesium, Natrium und Kalium Jahr für Jahr zusammengenommen viele Milliarden Tonnen.

Wir haben es hier also mit einem Energie- und Stoffumsatz gewaltigen Ausmaßes zu tun, mit einem System, das jedoch mit einem traumhaften Wirkungsgrad von bis zu 98 Prozent (Otto-Motor: 13 Prozent) arbeitet, das weder Rohstoff-, Energie-, noch Abfallsorgen hat und das keine Arbeitslosen kennt (für jedes Abfallprodukt stehen Organismen und Enzyme bereit, die es gleich wieder in ein neues Ausgangsprodukt verwandeln). So ist zum Beispiel der Fabrikationsbetrieb einer Körperzelle mit ihren rund 10000 biochemischen Abläufen im Vergleich zu unseren industriellen Produktionsprozessen von ungeheuerer Effizienz und ökonomischer Organisation. Eine gesunde Zelle kennt keine Überkapazität, sie verwandelt schon bei geringem Überschuß ihre Produkte mit den gleichen »Maschinen«, die diese produziert haben, wieder in ihre Ausgangskomponenten zurück, die nun als »Rohstoffe« für andere Endprodukte zur Verfügung stehen – all das noch dazu ohne giftige Abgase und Abwässer und lediglich bei Raumtemperatur. Denn der fast ausschließlich katalytische Produktionsprozeß senkt die Energieschwelle zwischen den einzelnen Produktionsstufen, so daß der

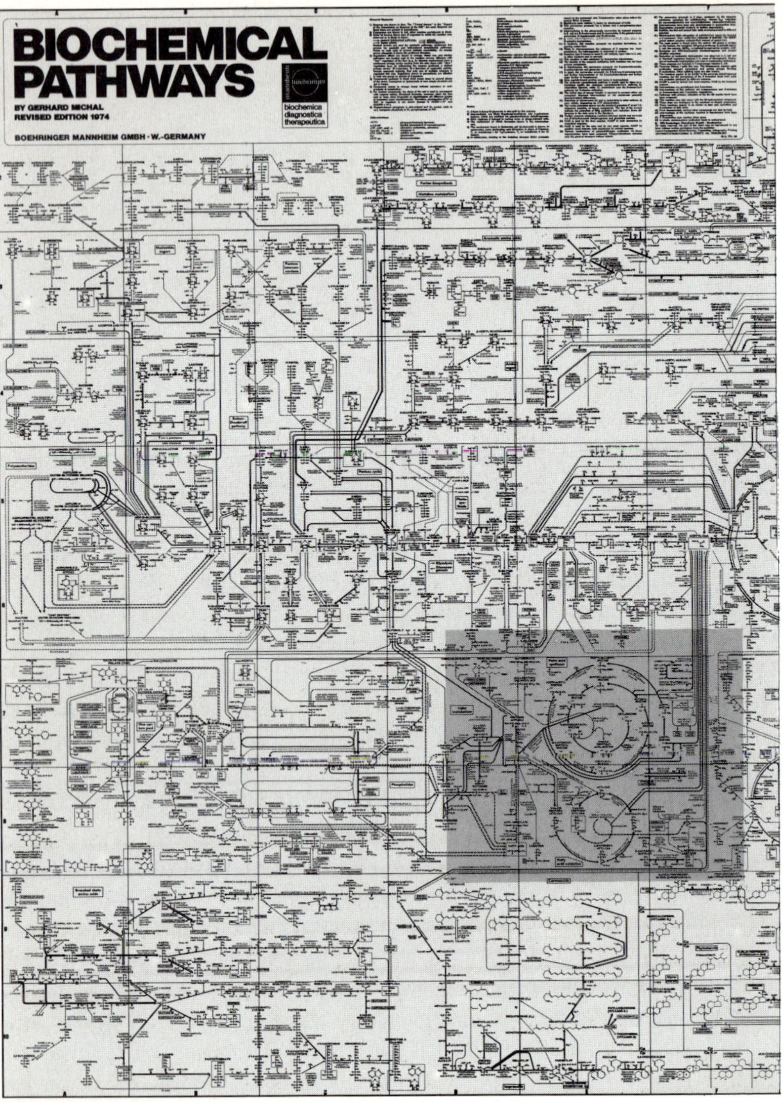

Ausschnitt aus dem Arbeitsprogramm einer menschlichen Körperzelle; das Ur-Beispiel für ein Gleichgewichtssystem aus vernetzten Regelkreisen[24]

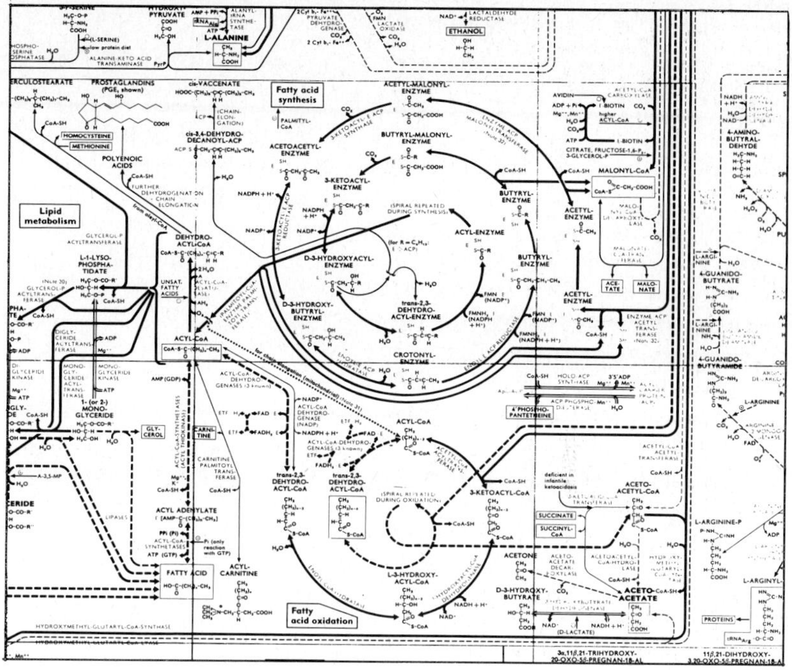

Detailausschnitt des gegenüber abgebildeten Arbeitsprogramms

Energie-Input (und die verlorene Abwärme) minimal bleiben und der Aufbau des gesamten Materials bei nur 37 Grad ablaufen kann, während in der chemischen Industrie bei der Synthese ähnlicher Produkte oft mehrere 100 Grad und zum Teil giftige Lösungsmittel benötigt werden. Ein System, das eine wahre Fundgrube an technischen Raffinessen, an energiesparenden Tricks und eleganten Kombinationen der verschiedenartigsten Technologien darstellt.[25] Wollte der Mensch mit seiner heutigen Technik die Funktionen dieser globalen Superfabrik voll ersetzen, so brauchte er dazu sicher ein Tausendfaches der von ihr verbrauchten Energie und maschinell wahrscheinlich mehr Platz, als auf allen Planeten unseres Sonnensystems zusammengenommen vorhanden ist.

Ein evolutionsfähiges Fließgleichgewicht

Es lohnt sich also zu fragen, auf der Basis welcher Prinzipien die Natur so rationell arbeiten kann. Die eigenartige, aus vielen winzigen Zellen aufgebaute Organisation aller Lebewesen steht über ein kybernetisches Informationssystem mit sich selbst (Universalität des genetischen Codes!) wie auch mit der Umwelt in einem ständigen Stoff- und Energieaustausch. Die wichtigste Vorbedingung für ein sich selbst regulierendes, reproduktives Fließgleichgewicht und damit für die Existenz von Leben ist hiermit bereits gegeben. Um dieses Fließgleichgewicht gegenüber äußeren Störungen und Schwankungen aufrecht zu erhalten, ja sogar Neuentwicklungen und Metamorphosen des Systems selbst zu erlauben, gehorcht es einer Handvoll eigenartiger Regeln, die man – da sie zumindest auf diesem Planeten als einzige funktionieren – als die *Grundregeln überlebensfähiger Systeme* bezeichnen kann. Auf diese Regeln werden wir in Kapitel 4 noch im einzelnen zu sprechen kommen.

Verschachtelte Selbstregulation

Interessant ist die Tatsache, daß im Prinzip jedes System schon dann selbstregulierend und überlebensfähig ist, wenn seine Subsysteme selbstregulierend sind: so wie innerhalb der Biosphäre einzelne Ökosysteme, darin die Biotope und Populationen, innerhalb der Populationen das einzelne Lebewesen, darin das Organ, in diesem das Zellgewebe und darin wieder die einzelne Zelle und wiederum deren winzige Organellen und Biomaschinen – wie bei den bekannten russischen Puppen. Die kybernetischen Grundregeln, wie wir sie im Fabrikationsbetrieb Zelle finden, sind dabei immer die gleichen, von den kleinsten Einheiten bis hinauf zu den größten Ökosystemen.[26]

Diese verschachtelte Selbstregulierung ist ein wesentliches Element lebender Systeme und macht den großen Unterschied der Biokybernetik gegenüber der Regeltechnik aus. So erschienen in der Volkswirtschaftslehre kybernetische Studien und Doktorarbeiten, die sich jedoch nicht an dem Urgrund der Kybernetik, nämlich an derjenigen biologischer Systeme, orientieren, sondern in der Tat an der Regeltechnik, also an einem unvollkommenen, für bestimmte Zwecke entwickelten Abbild des Originals.[27] Auch der Ökophysiker Wesley, der ein maschinelles »Iron-based Life« für

Was ist ein Regelkreis?

Ein Regelkreis ist ein in sich geschlossener Kreislauf von Informationen. Ein System, das sich durch Rückkopplung selbst regelt. Es besteht eigentlich nur aus zwei Dingen: der zu regelnden Größe (zum Beispiel dem Wasserstand in einem Kanalsystem, dem Benzinstand im Vergaser, der Konzentration eines Hormons im Blut, dem Verhalten des Mitglieds einer Religionsgemeinschaft), man sagt der *Regelgröße,* und andererseits dem *Regler,* der diese Größe verändern kann. Der Regler mißt über einen *Meßfühler* den Zustand der Regelgröße. Ist dieser Zustand durch einen Störfaktor, die *Störgröße,* verändert, dann korrigiert der Regler mit einem *Stellglied* den *Nachschub* in das zu regelnde System, das auf diese Weise mit sich selbst rückgekoppelt ist. Stellt der Meßfühler einen zu hohen Wert fest, so wird er über das *Stellglied* verringert, ist der Wert zu niedrig, so wird er erhöht. Wegen dieser gegenläufigen Wirkung spricht man hier von *negativer Rückkopplung.* So ist zwar der Regelkreis selbst geschlossen, aber bereits durch die Störgröße und die Nachschubgröße gegenüber dem übrigen System geöffnet, steht also mit ihm im Austausch. Zudem richtet sich auch der Regler selbst – sei es, daß *wir* ihn vorher einstellen, sei es, daß er an andere Systeme angeschlossen ist – außerdem noch nach einer *Führungsgröße,* die über ihm steht und die den sogenannten *Sollwert* vorgibt. Auch damit wird der Regelkreis noch einmal – sozusagen über einen dritten Kanal – nach außen geöffnet. Der Sollwert mag nun seinerseits veränderlich sein, indem er zum Beispiel selbst wieder die Regelgröße eines anderen Regelkreises ist. Diese Regelgröße wiederum mag der Stellwert eines dritten Regelkreises sein und dieser insgesamt vielleicht die Störgröße eines weiteren. So gibt es in der Wirklichkeit nie isolierte, abgeschlossene Regelkreise, sondern immer nur miteinander in Wechselbeziehung stehende offene Systeme von mehreren vernetzten Regelkreisen, deren Sollwerte voneinander abhängen.

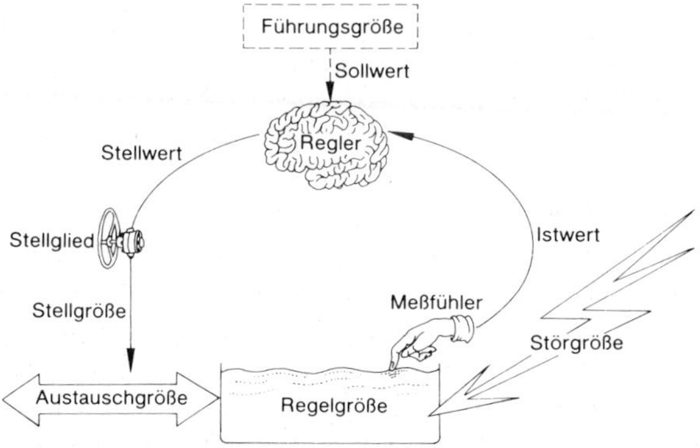

ebenso überlebensfähig hält wie das biologische »Carbon-based Life«, scheint gerade jenen fundamentalen inneren Organisationsunterschied nicht zu berücksichtigen.[28]

In der Regeltechnik müssen nämlich die Führungsgrößen und Sollwerte immer von außen eingegeben werden, wie beim Thermostaten, wo der Sollwert nach dem Willen eines außerhalb des Regelkreises stehenden Menschen eingestellt werden muß. In der letzten Konsequenz würde dieses Regeltechnikprinzip, etwa auf die Volkswirtschaft oder auf die Umweltproblematik übertragen, zu einem absoluten Dirigismus führen. Ein solcher ist aber in lebenden Systemen nirgendwo zu beobachten, demnach also offensichtlich nicht überlebensfähig. Ein Beispiel für die Wirkung solcher von außen vorgegebener Führungsgrößen bildet das abgebildete vernetzte Wirkungsgefüge auf Seite 41.

Führungsgrößen in der Selbstregulation

Wenn wir also in richtiger Weise planen und unsere Grundregeln anwenden wollen, dann ist dies nur möglich, wenn wir auch solche Führungsgrößen und Sollwerte und damit letzten Endes auch unsere Zielvorstellungen in die Selbstregelung mit einbeziehen und damit vom Zustand des Systems kontrollieren beziehungsweise kontrollieren lassen. Auch dies setzt wieder voraus, daß man die Vernetzungen kennt und versteht. Das erklärt noch einmal, warum die Erfassung der Vernetzung der zentrale Punkt unserer Betrachtungen sein muß.[29]

Gehen wir wieder zu den biochemischen Abläufen in einer Zelle zurück, wie sie aus dem Schaubild am Anfang dieses Kapitels hervorgehen. Genauso wie dort werden wir auch im System der Mensch-Umwelt-Beziehungen bereits schon dann wesentliche Aussagen erhalten, wenn wir nur wissen, daß etwa der eine oder andere Regelkreis gestoppt werden kann, Verbindungen unterbrochen oder neue aufgestellt werden können oder durch Einschleusen großer Mengen bestimmter »Substanzen« der Verlauf einer »chemischen Reaktion« in umgekehrte Richtung gelenkt wird und wo und wann Energieumwandlungen oder Informationsübertragungen stattfinden müssen. All dies sind Wenn-dann-Beziehungen, die bereits erkannt werden können, ohne daß jedesmal sämtliche quantitativen Details und Unterdetails bekannt sind. Denn diese verändern sich in einem lebendigen System sowieso laufend.

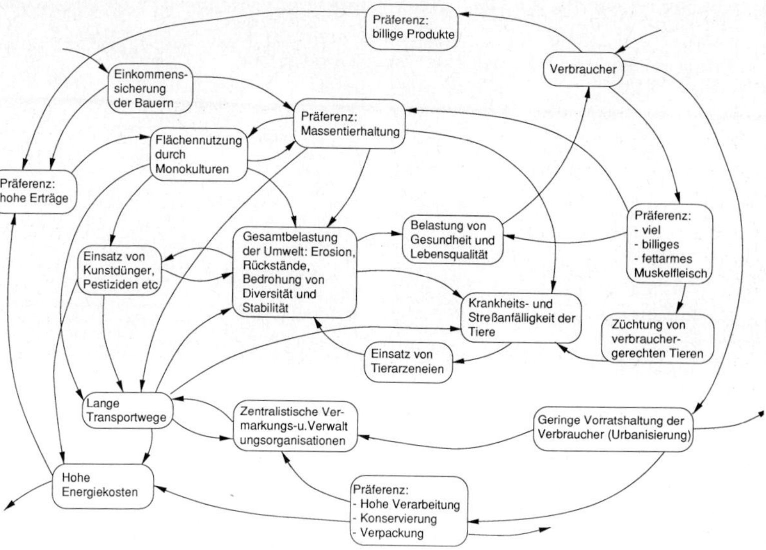

Ausschnitt aus einem Wirkungsgefüge der Landwirtschaft

Technik als unvollständiger Abklatsch

Wie kommt es nun, daß dieses Organisationssystem in der von uns hervorgebrachten Zivilisation noch kaum vertreten ist, obgleich es – wie in unserem Schaubild angedeutet – auf geniale Weise schon in der kleinsten Zelle funktioniert?[26]

In den letzten 6000 Jahren (die innerhalb der gut 2 Millionen Jahre alten Evolution des Menschengeschlechts keineswegs eine lange Zeit sind) hat der Mensch in immer größerem Umfang die in ihm selbst wohnenden Prinzipien der biologischen Welt, ihre Strukturen, Funktionen und Technologien nach außen projiziert. Sie wurden, wenn auch in unvollkommener Weise, zunächst unbewußt und neuerdings auch immer mehr bewußt (Bionik) als Technik für eine künstliche Umwelt umgesetzt, zum Beispiel Pumpen, Hebel, Filter, Batterien, Aerodynamik und selbst die Schrift und das Drucken.[30]

Doch eines haben wir der Natur kaum abgeschaut, nämlich ihre Organisation: ihre kybernetischen Grundgesetze, nach denen sie diese Techniken *handhabt.* Gerade was wir aus dem Fabrikationsbetrieb Zelle und den damit hergestellten Produkten erfahren können, hat ja eine ungeheure Zeit

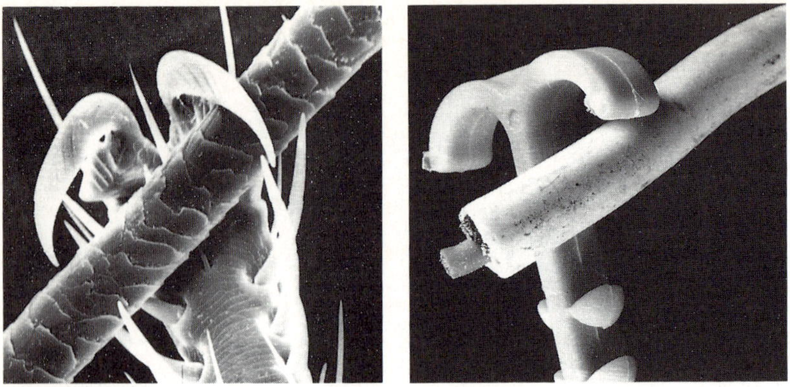

Werkzeug der Natur abgeschaut: Links Klammerhaken des Hundeflohs, rechts ein Spezialklemmdübel

von Versuch und Irrtum auf dem harten Prüfstand der Evolution hinter sich. Und lange, bevor wir unsere Techniken und Werkzeuge entwickelten, hat die Natur sie schon hervorgebracht. Besonders interessant sind hier zum Beispiel die Vergleiche mit der Insektenwelt, wie sie von dem Saarbrücker Bioniker Werner Nachtigall aufgestellt wurden: etwa der Klammerhaken beim Hundefloh als Spezialklemmdübel, der Oberkiefer des Ameisenlöwen (einer Libellenlarve) als Kombizange, der Bohrstachel der Holzbohrwespe als technischer Holzbohrer – perfekte Werkzeuge, die bis ins Design hinein praktisch nicht von den unseren zu unterscheiden sind, aber eben mit einem Minimum an Aufwand, Energie und Umweltbelastung hergestellt werden.[31]

So nutzen wir zwar ein großes Feld von Teilerkenntnissen, kümmern uns aber anders als die Natur – fasziniert von unserer eigenen Schöpferleistung – weder um das Vorher noch um das Nachher eines Produktes, weder um seine Herkunft noch um seine Folgen, noch um seine Wechselwirkungen und Rückkopplungen mit unserem Lebensraum. Wir steuern nur Einzelziele an, statt auch in Kreisprozessen zu denken.[15]

Beides ist selbstverständlich nötig. Doch unsere Welt bedarf nicht einer Koexistenz von »kausal-logischem Denken« und »Regelkreis-Denken«, sondern einer echten Symbiose beider, das heißt einer Verbindung zwischen der Stabilisierung eines Zustandes und dessen qualitativer Weiterentwicklung.

In Japan etwa, mit seiner aufgepfropften westlichen Zivilisation, existieren beide Denkarten fast schizophren nebeneinander. Der Kreis liegt dort sozusagen neben der geraden Linie, anstatt daß sich aus beiden eine neue Einheit bildet, die einerseits dem Kreisprozeß eine Richtung gibt und andererseits den Verlauf der geraden Linie in eine Art »atmende« Kreisbewegung verwandelt und sie so stabilisiert.[15]

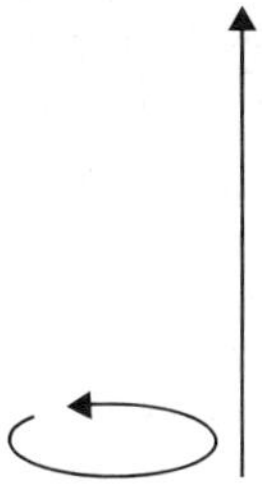

Nicht miteinander kommunizierendes kreisförmiges (asiatisches) und geradliniges (abendländisches) Denken

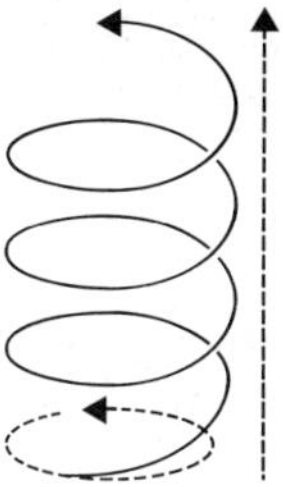

Die Helix als Symbol für modernes kybernetisches Denken (Symbiose aus kreisförmiger und geradliniger Bewegung)

Diese Symbiose ist im übrigen naturgegeben. Auch in der Biologie werden zum Beispiel einzelne chemische oder physikalische Schritte in kleinen, geradlinigen, wenn man so will fachspezifischen Ursache-Wirkungsschritten vollzogen. Doch dies immer als Teilschrittchen größerer Kreisprozesse. Denn gleichzeitig wird deren Richtung, deren Nachschub, das Erkennen der Molekülgestalt oder die katalytische Aktivierung der gut 10000 Einzelreaktionen durch die Art der Systemvernetzung gesteuert. Die Kenntnis dieser 10000 Reaktionen hilft uns zwar die Einzelschritte verstehen und sie vielleicht an Ort und Stelle zu beeinflussen, jedoch niemals, die Richtung des *Gesamtsystems* zu erkennen, Prognosen zu stellen oder gar die Entwicklung des Systems sinnvoll zu beeinflussen. Dazu müssen wir uns auf die Ebene der Vernetzungen begeben und sie mit ihren Rückkopplungen und verschachtelten Regelkreisen als ein bestimmtes »Muster« verstehen lernen.[32]

Die grundsätzlichen Unterschiede zwischen der klassischen analytischen und der heute immer wichtigeren systemischen Vorgehensweise ist im Kasten auf Seite 44 herausgearbeitet. Beide Ansätze sollten sich in der Praxis ergänzen. Der analytische für geschlossene Systeme, Maschinen, kurzfristi-

Zwei Ansätze zur Erfassung der Wirklichkeit (nach Rosnay[33])

Der analytische Ansatz	Der systemische Ansatz
isoliert: konzentriert sich auf die einzelnen Elemente des Systems	verbindet: konzentriert sich auf die Wechselwirkungen zwischen den Elementen
berücksichtigt die Art der Wechselwirkungen	berücksichtigt die Ergebnisse der Wechselwirkungen
stützt sich auf die Genauigkeit der Details	stützt sich auf die Wahrnehmung der Ganzheit
verändert jeweils nur eine Variable	verändert Gruppen von Variablen gleichzeitig
ist unabhängig von der Zeitdauer: die betrachteten Phänomene sind reversibel	bezieht Zeitdauer und Irreversibilitäten ein
bewertet die Tatsachen durch experimentellen Beweis im Rahmen einer Theorie	bewertet die Tatsachen durch Vergleich der Funktion eines Modells mit der Realität
bildet genaue und detaillierte Modelle (Beispiel: ökonometrische Modelle), die jedoch kaum in Handlungen umsetzbar sind	bietet Modelle, die nicht stichhaltig genug sind, um als Wissensbasis zu dienen (Beispiel Meadows), jedoch für Entscheidungen und Handlungen brauchbar sind
ist ein nützlicher Ansatz, solange es sich um lineare und schwache Wechselwirkungen handelt	ist ein nützlicher Ansatz bei nichtlinearen und starken Wechselwirkungen
führt zu einer disziplinorientierten Ausbildung	führt zu einer interdisziplinären Ausbildung
führt zu einer im Detail programmierten Handlungsweise	führt zu einer durch Ziele bestimmten Handlungsweise
erreicht gutes Detailwissen, jedoch schlecht definierte Ziele	erreicht nur unscharfe Details, jedoch gutes Wissen über die Ziele

ge Planungen, für taktische und operationale Überlegungen; der systemische für offene, komplexe Systeme, Lebensräume, langfristige Planungen, für strategische und grundsätzliche Überlegungen.

Der Übergang auf diese uns eigentlich eingeborene Mischung aus vernetztem Denken in Kreisläufen und unvernetzt linearem Denken ist nicht leicht. Denn das erstere wurde uns bereits in der Schule ausgetrieben – was mit dafür verantwortlich ist, daß wir überhaupt Schwierigkeiten haben, uns in die Mensch-Umwelt-Beziehungen hineinzudenken,[34] während das zweite die Wahrheit gepachtet zu haben scheint, dann aber, je mehr es versagt, von vielen wieder gleich ganz über Bord geworfen wird.

Längst gibt es jedoch von fachlicher Seite eine Reihe hervorragender Versuche, die beiden zu verbinden: intelligente vernetzte Systemmodelle, wie sie von Forrester, Meadows, Odum, Wesley oder in Deutschland von Pestel, Ellenberg, Thoss, Kumm und anderen entworfen wurden.[33] Darstellungen, die jedoch noch wenig ins Bewußtsein der Öffentlichkeit gedrungen sind. Und wenn, dann waren es letzten Endes doch wieder einzelne Prognosen, die man aus der Vernetzung herausgriff, wie etwa die Notwendigkeit, das Nullwachstum anzustreben: Prognosen, die die Allgemeinheit jedoch nicht im Rahmen der Wechselwirkung von Systemen verstand, sondern wiederum nur als simples Einzelziel.

So kann man nur immer wieder versuchen, den Politiker, den Beamten, den Unternehmer, den Planer und vor allem auch den Bürger nicht zuletzt an die »kybernetische« Fähigkeit seines Geistes zu erinnern, ihn wieder dafür zu interessieren, ihm zu zeigen, daß man von einer vernetzten Betrachtung nur profitieren kann.[15] Denn nur sie kann uns helfen, mit weniger Kraft und Energieeinsatz und damit auf elegantere Weise die Umwelt so zu gestalten, daß vieles von alleine in der richtigen Richtung läuft. Je technokratischer, je weniger im Verbund, je isolierter, fachspezifischer, kurz, je unvernetzter eine Lösung ist, desto anfälliger für äußere Störungen wird sie wieder sein.

Erst wenn die Tatsache, daß auch in der Zivilisation nicht nur Fabriken miteinander, Flußsysteme miteinander, die Pflanzen- und Tierwelt miteinander vernetzt sind, sondern auch Flußsysteme mit Fabriken, Fabriken mit menschlichem Konsumverhalten, das Konsumverhalten mit der Steuergesetzgebung und diese über Landesentwicklungsplanungen mit der Lokalisation von Gewerbegebieten, diese mit einer Änderung im Verkehrsaufkommen und jenes mit der Siedlungsstruktur und diese vielleicht wieder mit Kriminalität und Drogensucht – erst dann kann man anfangen zu hoffen, richtige Entscheidungen und damit richtige Lösungen zu finden. Und richtig kann heute nur noch heißen: in Richtung auf ein langfristig überlebensfähiges System.

3

Wechselwirkungen von Elementarteilchen

Wie die Dinge aufeinander wirken

Aus der Kenntnis der Teile eines Systems ist noch nicht viel gewonnen. Entscheidend ist die Kenntnis der Wechselwirkungen zwischen ihnen. Und auch hier nicht nur die Kenntnis darüber, *was* mit wem verbunden ist, sondern auch *wie* es damit verbunden ist. Diese Beziehungen sind in dem nebenstehenden Bild, einem Ausschnitt aus unserem ersten Schaubild auf Seite 14, lediglich als Pfeile dargestellt. Im »Papiercomputer« auf Seite 143 wird bei den Pfeilen bereits zwischen starker und schwacher Wirkung unterschieden. In Wirklichkeit stellen diese Pfeile aber noch etwas viel Komplizierteres dar: Sie können nicht nur positiv oder negativ, stark oder schwach sein, sondern sie können sogar je nach Stärke und Dauer der Wirkung ihren Charakter ändern. Damit hat jeder Pfeil sozusagen seine eigene Dynamik, die sich in mathematischen Funktionen ausdrücken läßt.

Die wichtigsten Prototypen dieser Beziehungen sind im folgenden veranschaulicht.

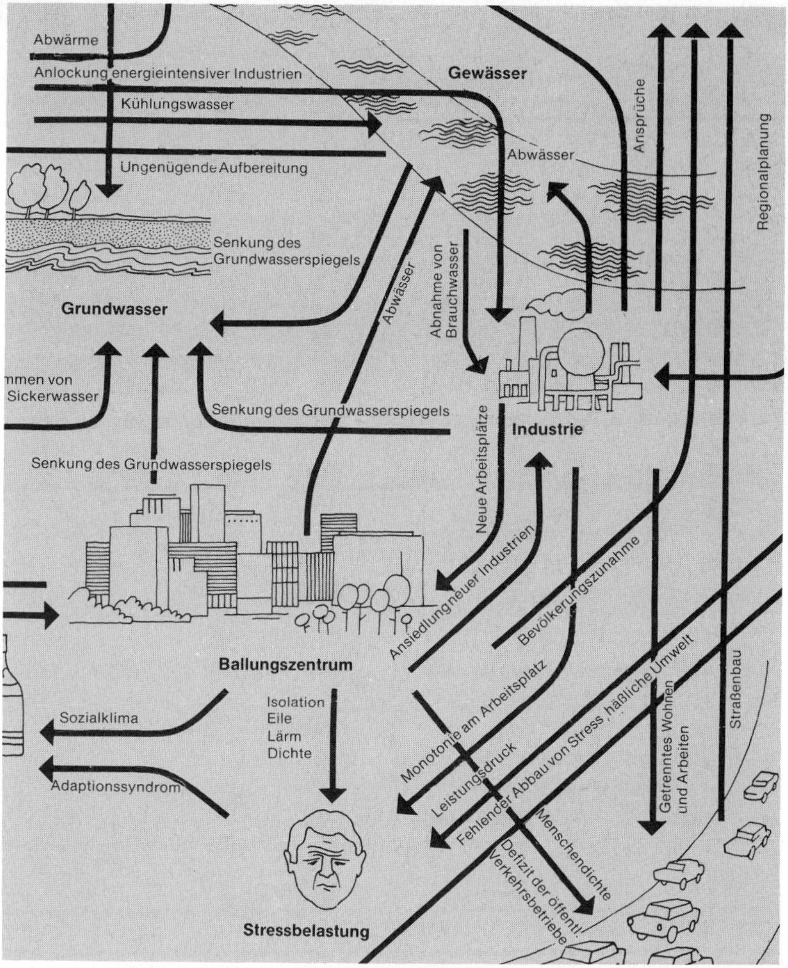

Ausschnitt aus dem Netzwerk Ballungsgebiet

Bei linearen Beziehungen verändert sich die Wirkung in gleichem Maße wie die Ursache.

Hängen wir ein Gewicht an eine Feder, so zieht es diese auf eine bestimmte Länge. Ein doppelt so großes Gewicht zieht sie doppelt so weit nach unten, ein dreifaches Gewicht dreimal so weit. (Natürlich betrachten wir hier nur die Zone innerhalb des elastischen Bereichs.)

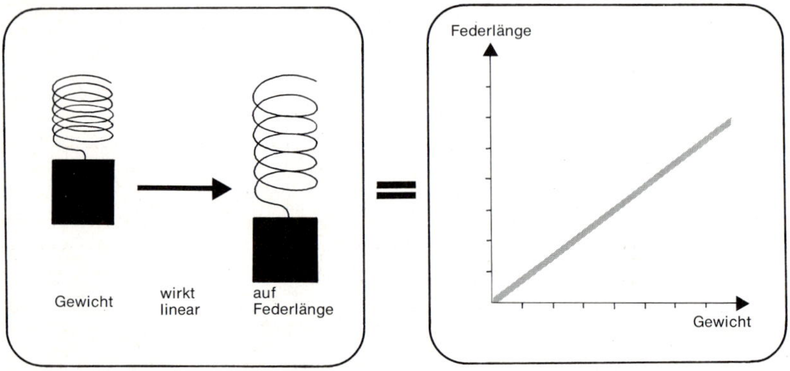

Hier ist also die Wirkung ihrer Ursache streng proportional: Die Beziehung verläuft gradlinig.

Ob die jeweilige Gerade flach oder steil ist, nach oben oder nach unten geht (proportional oder umgekehrt proportional verläuft), spielt dabei keine Rolle. Ein Beispiel aus der Ökologie: eine Grünfläche produziert eine

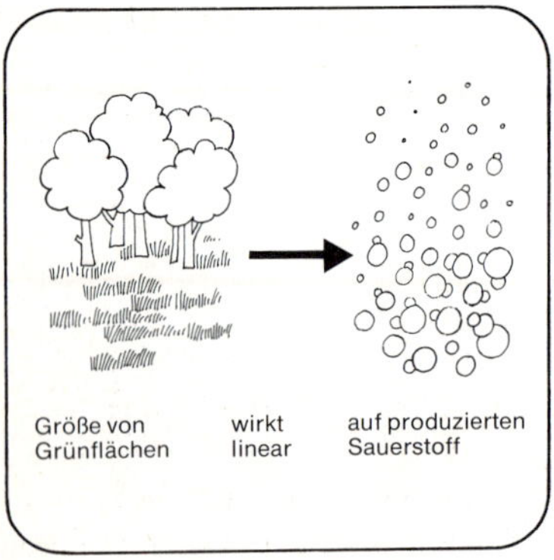

bestimmte Menge Sauerstoff. Eine dreimal so große Grünfläche dreimal so viel, eine zehnmal so große zehnmal so viel und so weiter.

Nicht-lineare Beziehungen

Bei nicht-linearen Beziehungen verändert sich die Wirkung nicht im gleichen Maße wie ihre Ursache. Hierbei gibt es eine Reihe sehr unterschiedlicher Möglichkeiten.

Einfache nicht-lineare Beziehungen

Typische Beispiele sind Wirkungen mit potenziertem oder exponentiellem Verlauf. Verringert sich der Durchmesser eines Blutgefäßes (zum Beispiel durch Arterienverkalkung) auf die Hälfte, so fließt nicht etwa halb so viel Blut durch – wie das bei einer linearen Beziehung der Fall wäre –, sondern nur ein Sechzehntel (!) dieser Menge.

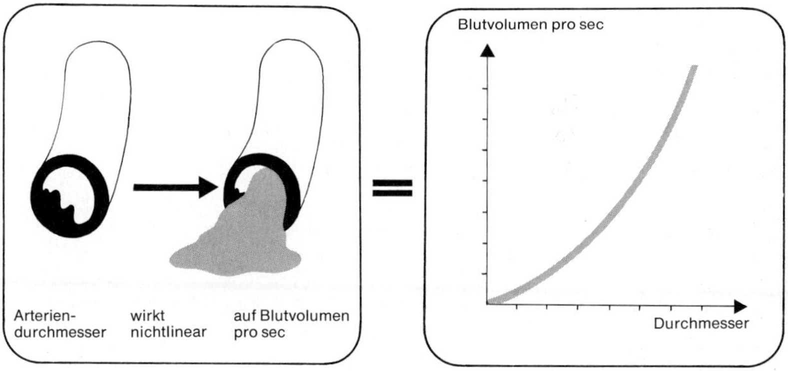

Verringert sich der Durchmesser auf ein Viertel, so sinkt der Blutdurchfluß bereits auf den 256. Teil der ursprünglichen Menge. Potenzierte Wirkungen ($y = x^a$) haben also ähnlich wie exponentielle Wirkungen ($y = a^x$) einen ausgesprochen steilen, unter Umständen explosionsartigen Verlauf.

Eines der bekanntesten Beispiele hierfür ist das exponentielle Wachstum der Weltbevölkerung (siehe Seite 23). Auch die Beziehung zwischen Fahrzeugzahl pro Straßenfläche und Luftverschmutzung ist gewissermaßen exponentiell oder auf jeden Fall überproportional: Mit zunehmender Verkehrsdichte erhöhen sich auch die Stauungen, so daß die Abgasproduktion nicht nur mit der Zahl der Fahrzeuge, sondern auch pro Fahrtkilometer ansteigt. Darüber hinaus erwärmt sich die Luft, Inversionen werden begünstigt, Smoglagen treten auf und halten die Abgase zusätzlich fest.

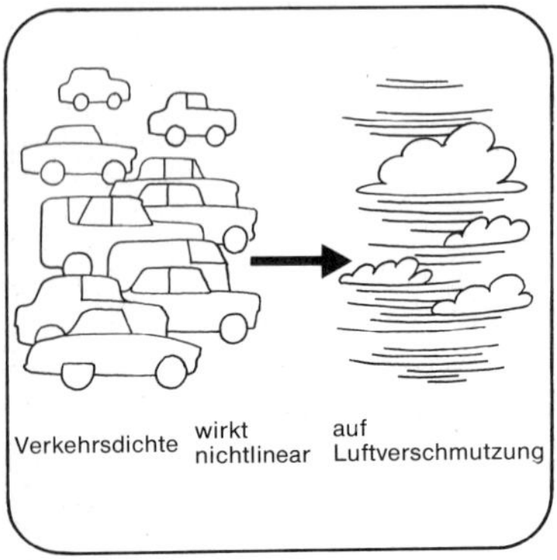

Ein anderes Beispiel für einfache nicht-lineare Beziehungen sind solche mit Sättigungswerten. Jeder Autofahrer kennt das: Gibt man plötzlich Gas, so ist die Wirkung bei niederem Tempo weitaus größer als bei hohem Tempo. Je höher das Tempo, desto weniger kann dieses also durch weitere Benzinzufuhr noch erhöht werden. Die Kurve nähert sich einem Sättigungswert, einer Asymptote.

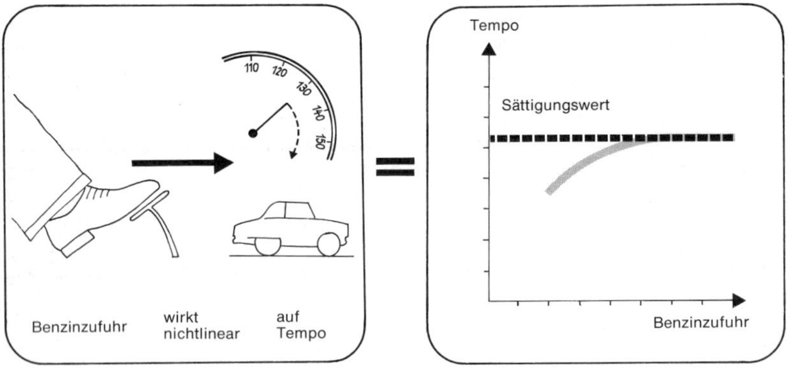

Solche Wirkungen sind in der Realität sehr häufig. Gibt man mehr Geld für die Forschung aus, so wird die Qualität der Ergebnisse zunächst ansteigen. Irgendwann ist aber ein Wert erreicht, der trotz beliebig großer Geldmengen nicht überschritten werden kann. Oder: Werbung führt zu höherem Konsum. Wenn alle Menschen das in Frage kommende Produkt gekauft haben, kann auch noch weitere Werbung den Umsatz nicht mehr erhöhen. Der Sättigungswert ist erreicht.

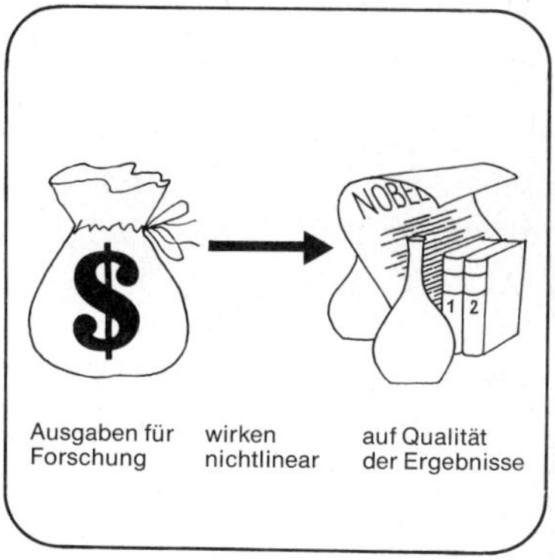

Beziehungen höherer Ordnung

Bei nicht-linearen Wirkungen können auch wesentlich kompliziertere Verhältnisse auftreten. Ein anschauliches Beispiel ist die Beziehung zwischen Abwassermenge und Selbstreinigungskraft eines Gewässers.

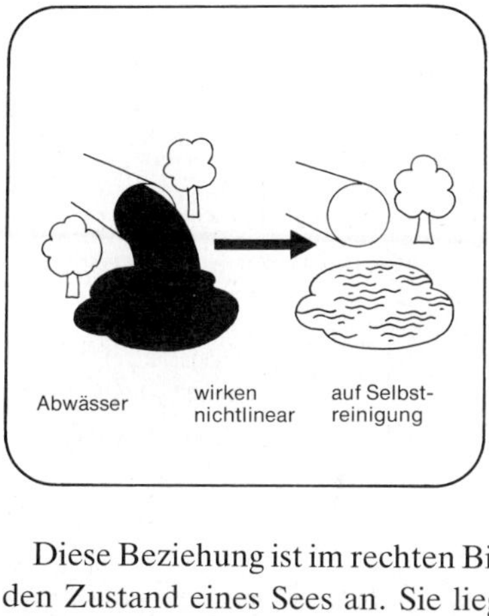

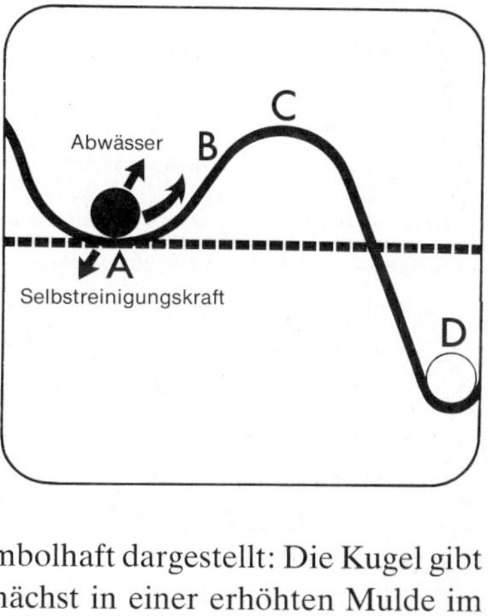

Diese Beziehung ist im rechten Bild symbolhaft dargestellt: Die Kugel gibt den Zustand eines Sees an. Sie liegt zunächst in einer erhöhten Mulde im stabilen Gleichgewicht (A). Wird die Kugel nun durch eine Kraft (vergleichbar der Einleitung von Abwässern) den rechten Berg hinaufgezogen, so wächst in gleichem Maße zunächst auch eine Gegenkraft (hier die Selbstreinigungskraft des Sees). Aber nur bis zu dem Punkt, wo die Steigung wieder flacher wird (B). Denn selbst wenn die einwirkende Kraft (Abwassereinleitung) jetzt nicht mehr größer wird, so rollt die Kugel doch immer rascher nach rechts – es sei denn, die Kraft (Abwässer) würde drastisch reduziert. Geschieht das nicht, so rollt die Kugel schließlich über den Gipfel C.

Und wieder ändern sich die Verhältnisse. Nun reicht noch nicht einmal ein völliger Stopp der einwirkenden Kraft aus: Auch wenn nun überhaupt keine Abwässer mehr eingeleitet werden, rollt unsere Kugel unaufhaltsam in den Abgrund.

Der See ist »umgekippt« und wird zum toten Gewässer. Nach dem Umkippen kann er, ähnlich wie die Kugel, nur mit sehr viel höherem Energieaufwand (größerer Höhenunterschied) wieder über den Berg zurück in seinen alten Zustand versetzt werden.

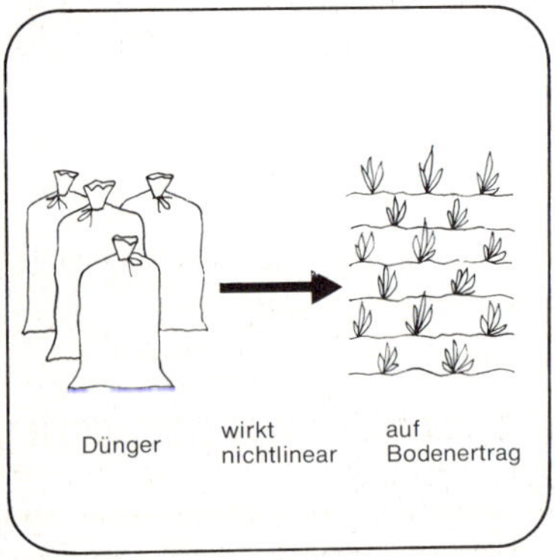

Eine ähnliche Beziehung kennen wir auch zwischen Dünger und Bodenertrag. Ohne Nährstoffe wächst keine Pflanze. Mit zusätzlichem Dünger wächst sie besser. Mehr Dünger steigert also zunächst den Bodenertrag.

Ab einer bestimmten Menge jedoch ist ein Punkt erreicht, bei dem durch weiteren Düngerzusatz der Ertrag nicht nur nicht mehr erhöht werden kann (Sättigungswert), sondern wo die Wirkung plötzlich umschlägt und weitere Zufuhr Boden und Pflanze schädigt – bis zur Bodenversalzung, zur Zerstörung der Vegetation und schließlich zur völligen Erosion.

Ein Beispiel für Beziehungen mit mehrmaligem Richtungswechsel ist auch die Wirkung von Werbeausgaben auf den Gewinn (Abb. Seite 54).

Bei geringen Ausgaben sind die Kosten zunächst noch höher als die zusätzlichen Einnahmen – der Gewinn nimmt ab (1). Bei höheren Ausgaben

Intaktes Ökosystem

Erosion nach Beseitigung der bodenschützenden Pflanzendecke durch intensive Monokultur[35]

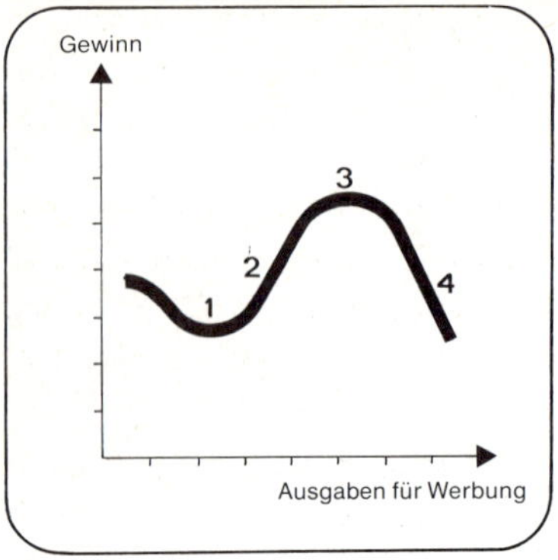

kehrt sich das Verhältnis dann irgendwann um (2) und erreicht schließlich seinen Maximalwert (3). Ab hier läßt sich auch durch noch so intensive Werbung kein höherer Gewinn mehr erzielen. Im Gegenteil, er wird durch jede weitere Ausgabe wieder verringert (4).

Nahe verwandt mit diesen Beispielen und je nach Definition sogar teilweise identisch sind diejenigen der folgenden Gruppe.

Wirkungen mit Grenz- und Schwellenwerten

Wenn man einen Bogen nicht spannt, kann man damit auch keinen Pfeil abschießen. Erst ab einer bestimmten Spannung des Bogens setzt sich der Pfeil in Bewegung. Die Spannung muß also erst einmal einen Schwellen-

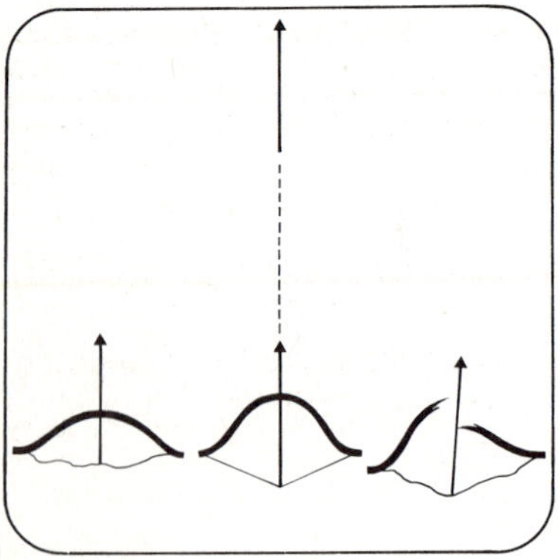

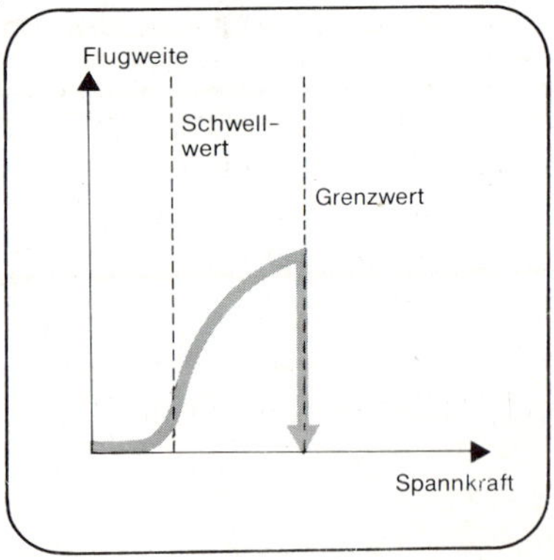

wert überschreiten. Je stärker der Bogen gespannt wird, desto weiter fliegt nunmehr auch der Pfeil. Überschreitet jedoch die Spannung einen kritischen Wert (Grenzwert), so fliegt der Pfeil plötzlich überhaupt nicht mehr; der Bogen ist gebrochen.

Solche Wirkungen mit Schwellen- oder Grenzwerten sind vor allem für die Beurteilung ökologischer Risiken von großer Bedeutung. Zum Beispiel dann, wenn sich oberhalb eines bestimmten Grenzwertes eine Entwicklung nicht einfach mehr rückgängig machen läßt, sondern plötzlich zu Katastrophen, Explosionen und so weiter führt.

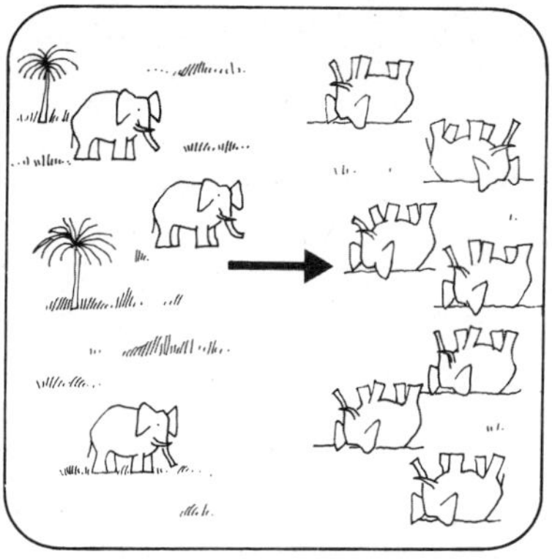

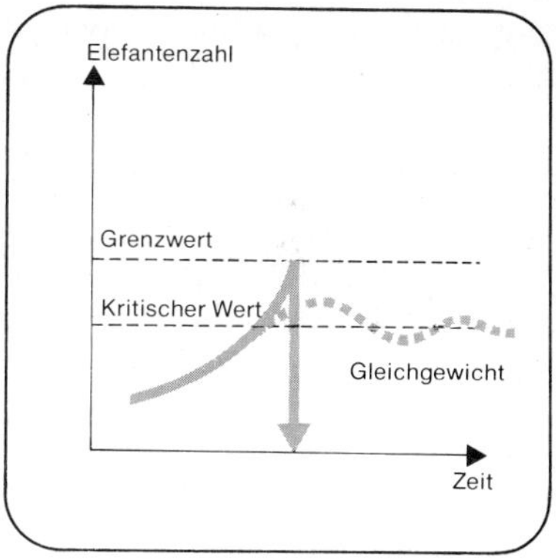

So kann sich eine Elefantenherde lange Zeit ungehemmt vermehren. Das Angebot an Pflanzen reicht für alle Tiere aus. Die Zunahme der Elefanten und damit auch die Abnahme an Vegetation verläuft jedoch exponentiell. Und so ist ab dem Zeitpunkt, an dem die Vegetation nicht mehr für alle Tiere ausreicht, plötzlich in sehr kurzer Zeit der Punkt erreicht, an dem alles bis auf das letzte Akazienbäumchen abgefressen ist. Die gesamte Herde stirbt »auf einen Schlag« aus. (Probleme dieser Art entstehen natürlich weniger in der offenen Wildnis als zum Beispiel in abgegrenzten Nationalparks, wo natürliche Regulatoren wie Wasserknappheit durch künstliche Tränken aufgehoben sind.) Irgendwo war also bereits vorher ein kritischer Wert der Elefantenzahl erreicht, an dem die Herde hätte dezimiert beziehungsweise ihre Geburtenrate gestoppt werden müssen, wenn man sie hätte retten wollen. Solche kritischen Werte ökologischer Risiken gibt es für den Grad der Luftverschmutzung, der Wärmebelastung, der Selbstreinigungskraft der Gewässer, der Menschendichte und so weiter.

Eine von einem bestimmten Punkt eines Systems ausgehende Wirkung muß nicht immer nur auf andere Elemente des Systems gerichtet sein. Sie kann auch in einer Art Bumerang-Effekt auf den Ausgangspunkt zurückwirken. Je nachdem ob sich die Wirkung dabei immer weiter verstärkt beziehungsweise abschwächt, oder in einem stabilen Gleichgewicht gehalten wird, spricht man von positiver oder negativer Rückkopplung. Beide Typen haben wir bereits in dem Kasten »Was ist ein Regelkreis?« auf Seite 39 kennengelernt.

Positive Rückkopplung

Positive Rückkopplung bedeutet, daß sich Wirkung und Rückwirkung gegenseitig verstärken: Je mehr Menschen es gibt, desto mehr Kinder können gezeugt werden. Je mehr Kinder gezeugt werden, desto mehr Menschen wird es geben, die wiederum Kinder zeugen et cetera.

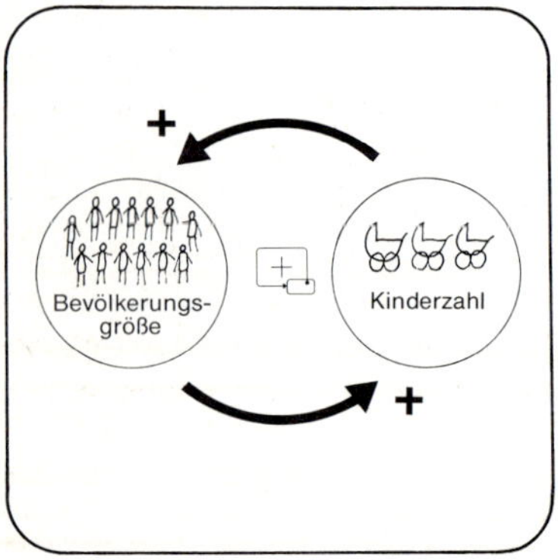

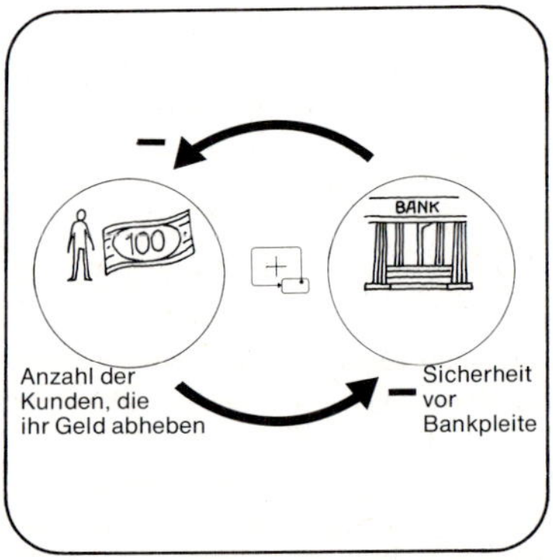

Der nicht-lineare exponentielle Verlauf kommt hier also durch die positive Rückkopplung zwischen Menschenzahl und gezeugten Kindern zustande.

Positive Rückkopplung ist sowohl im Prinzip der Zins- und Zinseszinsrechnung enthalten (selbstverstärkende Entwicklung nach oben) als auch die Ursache typischer Bankkräche (selbstverstärkende Entwicklung nach unten).

Sinkt das Ansehen einer Bank, so ziehen einige Kunden ihr Geld ab. Wird dies bekannt, so sinkt das Vertrauen in die Bank weiter, und noch

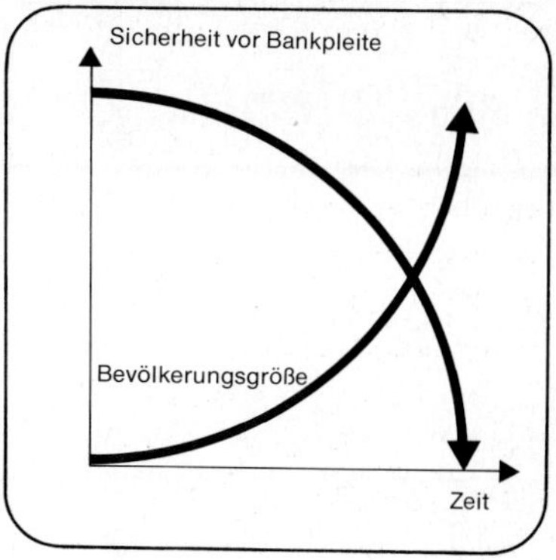

mehr Kunden ziehen ihr Geld ab, bis schließlich der große Run auf die Kassen einsetzt und die Bank pleite ist, bevor sie genügend Mittel flüssig machen konnte.

Ein anderes Beispiel ist die bekannte Lohn-Preis-Spirale; ein weiteres – wohl das dramatischste – die Kettenreaktion der Kernspaltung: Neutronen werden von Atomen eingefangen, spalten diese und setzen dabei mehr Neutronen frei, als ursprünglich vorhanden waren, die wiederum noch mehr Atome spalten. Das Ganze multipliziert sich in Sekundenbruchteilen und führt zur Atomexplosion. Hier gibt es als *Schwellenwert* übrigens die berühmte »kritische Masse«, unterhalb der noch keine positive Rückkopplung möglich ist.

Positive Rückkopplung führt also – wenn sie nicht an einen Grenzwert stößt – zu einer mehr oder weniger schnellen Explosion nach oben (Menschheit, Preise, Atombombe) oder nach unten (Liquidität der Bank) und ist daher als solche nie stabil. Andererseits ist sie der »Motor des Lebens«, mit dem Entwicklungen überhaupt erst mal in Gang kommen.

Negative Rückkopplung

Bei negativer Rückkopplung verlaufen Wirkung und Rückwirkung entgegengesetzt und kontrollieren sich so gegenseitig: Auch dies läßt sich in Populationsbewegungen beobachten.

Eine Zunahme der Bevölkerung führt zu größerer Dichte der Menschen, diese zu größerer Streßbelastung, diese wiederum über eine Abnahme der Lebenserwartung und eine Zunahme der Unfruchtbarkeit zu einem schwächeren Bevölkerungswachstum beziehungsweise bei extremer Dichte sogar zu einer drastischen Abnahme der Bevölkerung, wie beim »Dichtestreß« auf Seite 25 beschrieben.

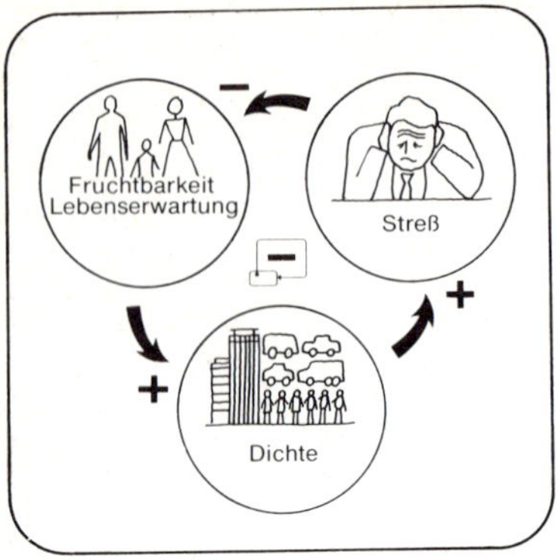

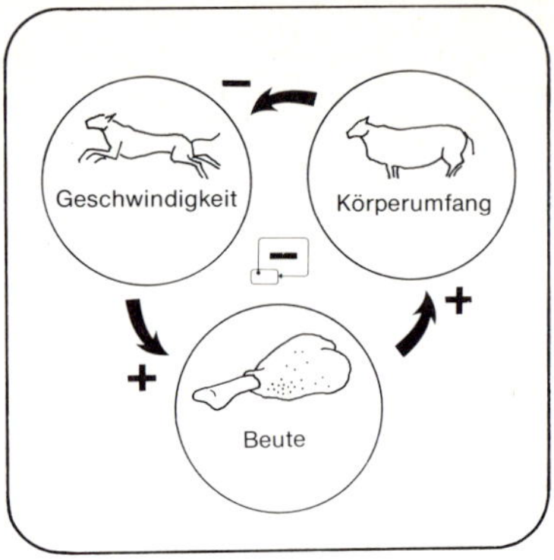

Ein anderes Beispiel: Je schneller ein Tier läuft, desto öfter kann es eine Beute erwischen und verzehren. Je dicker es dabei wird, desto langsamer läuft es, erhascht weniger Beute und nimmt wieder ab. Eine Rückkopplung, die beim zivilisierten Menschen unterbrochen ist, weil ein dicker Mensch genauso leicht an seine Nahrung kommt wie ein dünner. Hier greifen dann höhere Regulationsmechanismen ein: entweder der eigene Wille oder etwa eine Krankheit.

Mit negativer Rückkopplung arbeitende Systeme sind also im Prinzip stabil. Sie verhalten sich so, daß sich jede Zustandsänderung über die Rückkopplung selbst korrigiert. Negative Rückkopplung ist die Haupteigenschaft stabiler Regelkreise, die die Grundlage aller sich selbst steuernden Systeme bilden.

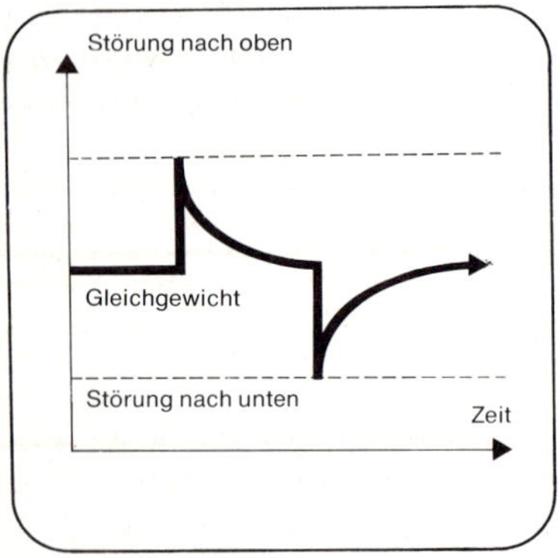

Das Fazit der wichtigsten Rückkopplungsvorgänge ist im folgenden Kasten noch einmal zusammenfassend dargestellt.

Rückkopplungsarten

Negative Rückkopplung

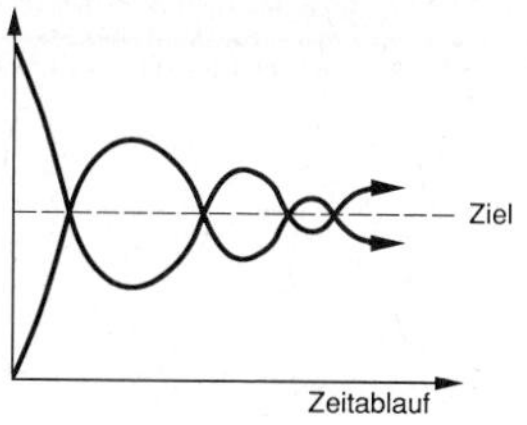

Positive Rückkopplung

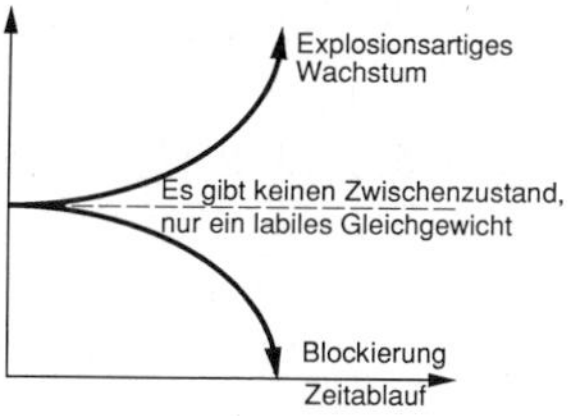

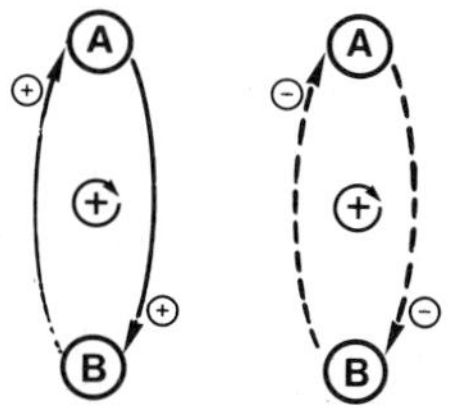

Selbstverstärkungen müssen also immer von negativer Rückkopplung kontrolliert werden, damit sich auch bei Abweichungen nach oben oder unten wieder ein stabiles Gleichgewicht einstellt. So führt negative Rückkopplung zur Selbstregulation eines Systems. In gesunden Systemen ist daher die Einführung von Regelkreisen mit negativer Rückkopplung von großem Vorteil.

Positive Rückkopplung entsteht, wenn Wirkung und Rückwirkung sich gegenseitig verstärken, also gleichgerichtet sind. Dies kann sowohl nach oben (Explosion) als auch nach unten (Kollaps) geschehen. Ein selbsttätiges Sich-Aufschaukeln zum Beispiel ist zwar auch zum Überleben nötig, sozusagen als Motor, der die Dinge in Gang bringt. Es darf jedoch nie über gewisse Grenzwerte hinausgehen.

Obwohl beide Male positive Rückkopplung, verstärken sich links A und B in der gleichen Richtung, das heißt beide entweder auf oder ab. Rechts dagegen, bei zwei gegenläufigen Beziehungen, kippt der Zustand entweder auf immer raschere Erhöhung von A (auf Kosten von B) oder umgekehrt um. A und B fliegen sozusagen auseinander.

Verschachtelte Rückkopplungen

Die Teile eines Systems können gleichzeitig verschiedenartigen Rückkopplungskreisen angehören. Ein typisches Beispiel ist die Kerzenflamme. Ihre Größe ist sowohl Bestandteil eines positiven als auch eines negativen Rückkopplungskreises.

Zunächst die positive Rückkopplung: Je größer die Flamme, desto mehr Wachs schmilzt und wird vom Docht aufgenommen. Je mehr Wachs im Docht ist, desto größer wird die Flamme.

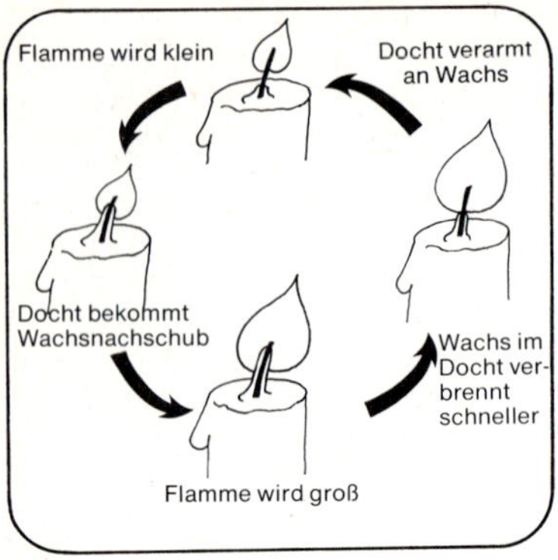

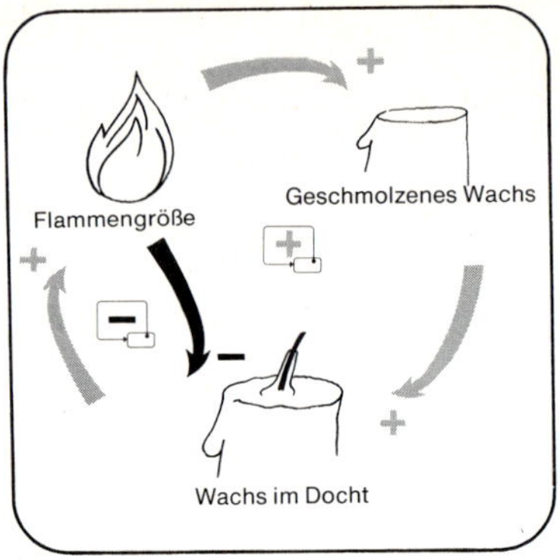

Daß die Kerze trotzdem nicht explodiert, liegt an einer damit verschachtelten negativen Rückkopplung.

Eine große Flamme bewirkt nämlich auf der anderen Seite, daß das Wachs im Docht schneller verbrennt. Der Nachschub kommt nicht mit, der Docht selbst beginnt zu verglimmen und wird kürzer. Die Flamme wird wieder kleiner, läßt aber dadurch den Docht wieder mehr Wachs aufnehmen, wird größer, wieder kleiner und so weiter, bis sie einen konstanten Mittelwert und damit ein Gleichgewicht zwischen Verbrennung und Wachszufuhr erreicht hat.

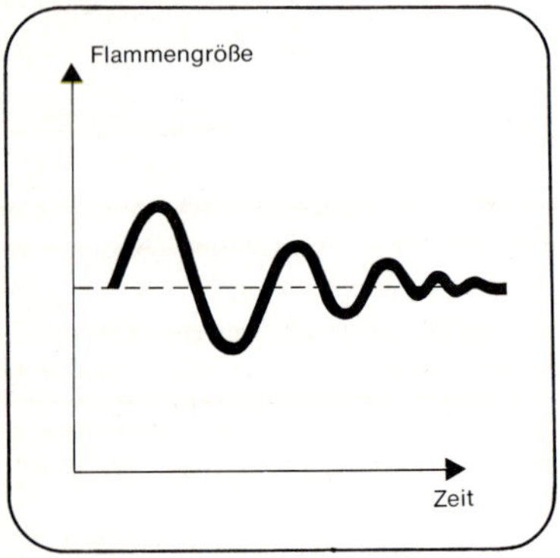

Das Zusammenspiel der beiden Rückkopplungskreise führt daher beim Anzünden einer Kerze zunächst zu dem bekannten Flackern.

Ein anderes Beispiel: Wiederholte Smoglagen mit Abgasbelästigung wekken das Interesse der Öffentlichkeit an einer Verringerung der Luftverschmutzung. Das führt zu Aktivitäten in Presse und Fernsehen, diese verstärken das allgemeine Interesse, wodurch die Medien noch aktiver werden, bis durch diese positive Rückkopplung ein Wert erreicht ist, der außerhalb dieses Kreises gleichzeitig eine negative Rückkopplung in Gang setzt: Politiker und Ämter sehen sich gezwungen, etwas gegen die Luftverschmutzung zu unternehmen. Sobald dann entsprechende Maßnahmen *angekündigt* sind, beginnt das Interesse der Öffentlichkeit bereits zu erlahmen, die

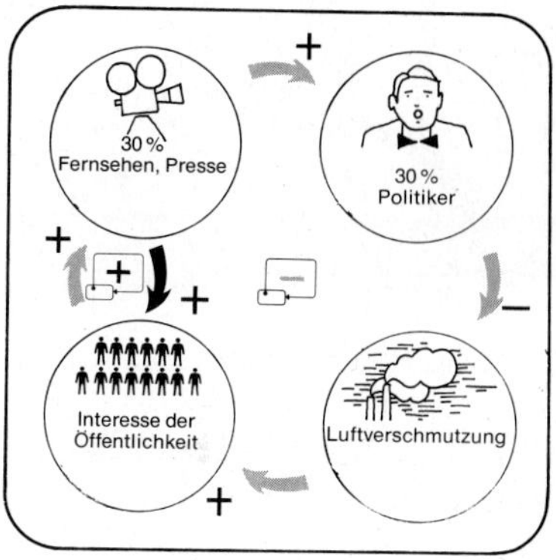

Medien bevorzugen andere Themen, die Maßnahme unterbleibt vielleicht, das öffentliche Interesse steigt erneut an, die positive Rückkopplung setzt wieder ein und mag dann erst durch eine *vollzogene* Maßnahme (Smogalarm-Plan) endgültig abgefangen werden.

Wirkungen mit zeitlicher Verzögerung

Der zeitliche Verlauf einer Wirkung hat mindestens die gleiche Bedeutung wie die Art der Wirkung selbst. Vor allem, wenn eine Rückkopplung verzögert ist. Denn eine zu schnelle oder zu langsame Korrektur kann den erwünschten Effekt ohne weiteres in sein Gegenteil verkehren.

Ein Auto macht einen leichten Schlenker. Erfolgt nun die Gegensteuerung (negative Rückkopplung) mit zu großer zeitlicher Verzögerung, so erfolgt die Korrektur nach der einen Richtung immer erst, wenn sie bereits in der anderen Richtung notwendig gewesen wäre. Aus dem leichten Schlenker wird ein Schlingern, aus diesem ein Schleudern, bis der Wagen im Graben landet.

Die negative Rückkopplung, obgleich als Gegensteuerung gedacht, wirk-

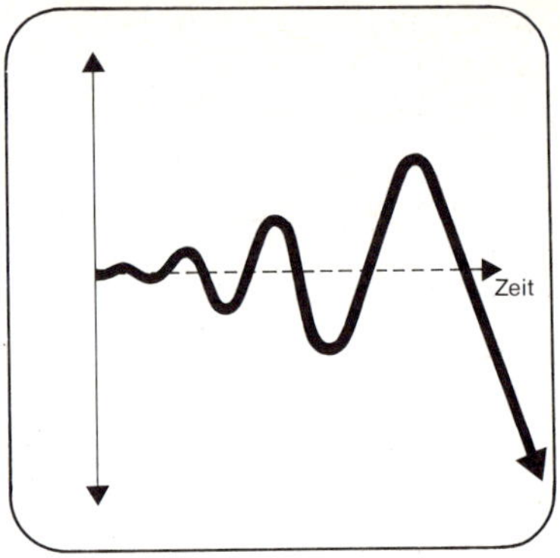

te also nicht dämpfend, sondern jedesmal verstärkend. Die zeitliche Verzögerung machte aus ihr eine positive Rückkopplung.

Ähnlich geht es uns, wenn wir – angelockt durch einen Preisanstieg – zu spät merken, daß wir zuviel Kartoffeln angebaut haben. Die Preise sinken nun so stark ab, daß der Kartoffelanbau uninteressant wird und unterbleibt. Die Kartoffeln werden plötzlich sehr knapp, ihre Preise steigen noch höher als das erste Mal, weshalb nun jeder Kartoffeln anbaut, eine Kartoffelschwemme entsteht, die Preise in den Keller fallen, Ernten vernichtet werden müssen, ein Teil der Betriebe Pleite macht und der Rest nun nie mehr Kartoffeln anbaut – oder auch aus dem Ganzen eine Lehre zieht und in

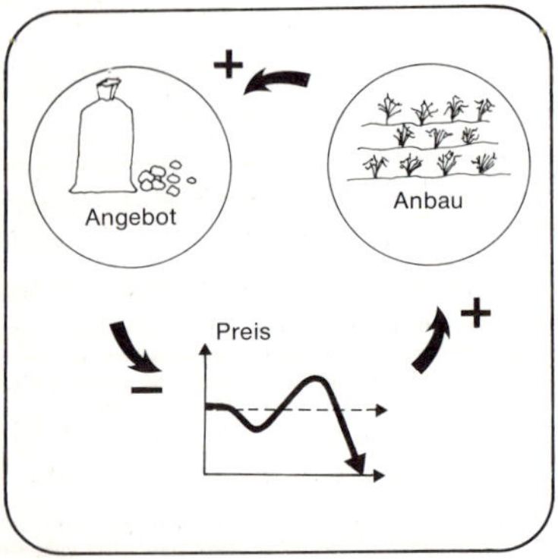

Zukunft nicht mehr so stark, beziehungsweise zum richtigen Zeitpunkt, das heißt antizyklisch, auf den Markt reagiert.

Wie im ersten Fall, kam auch hier zur Zeitverzögerung noch ein Übersteuern hinzu. Eine Kombination, die in anderen Fällen oft schon durch eine einzige Rückkopplung zur Katastrophe führen kann. Die Form solcher

Kurven finden wir vielfach im Verlauf der vom Club of Rome errechneten Grafiken zu den Grenzen des Wachstums.[33]

Wie wichtig es ist, möglichst große Zeiträume in eine Systembetrachtung einzubeziehen, verdeutlicht auch das schon einmal zu Anfang erwähnte und schon mehrfach publizierte Beispiel aus der Sahel-Zone, welches hier wegen seiner Eindringlichkeit sozusagen als Prototyp für die lineare Vorgehensweise und das »Reparaturdienstverhalten« noch einmal dargestellt ist.

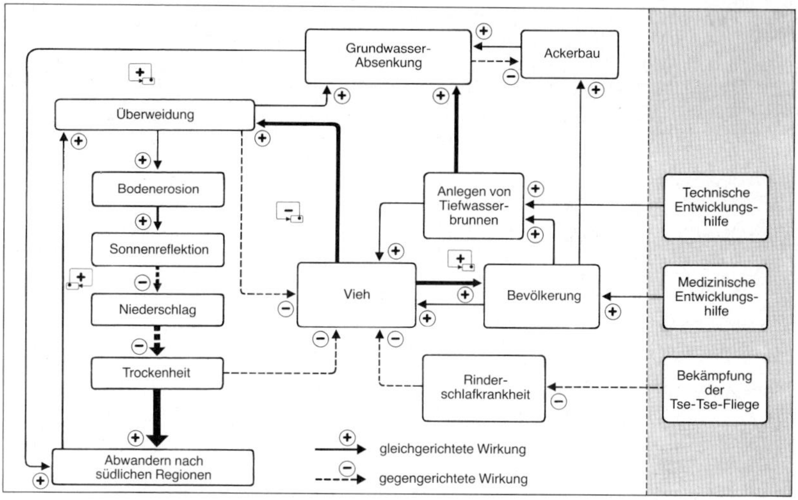

Verschachtelte Rückkopplungen des Netzwerks Sahel-Zone

Das Schaubild des Netzwerks Sahel-Zone zeigt in vereinfachter Form, wie hier eine größere Zahl verschachtelter Rückkopplungen durch diverse Zeitverzögerungen letztlich in die Katastrophe führte.[13] Wie schon im ersten Kapitel erwähnt, machte die zunächst begrüßenswerte Erhöhung des Viehbestandes in der Sahel-Zone durch Bekämpfung der Tsetsefliege aus der klimatischen Dürre erst eine Katastrophe. Der plötzliche Aufschwung in der Nomadenwirtschaft führte zur starken Überweidung, zur Bevölkerungszunahme und zur Konzentration der Rinderherden entlang der angelegten Tiefwasserbrunnen, so daß die Wasserversorgung für Mensch, Tier und Pflanze mit absinkendem Grundwasserspiegel schließlich ganz zusammenbrach und die Vegetationsschäden das Klima noch zusätzlich ungünstig beeinflußten.

Eine Gesamtwirkung, die man mit einem entsprechenden Simulationsmodell durchaus hätte voraussagen können. Eine solche Simulation zeigt

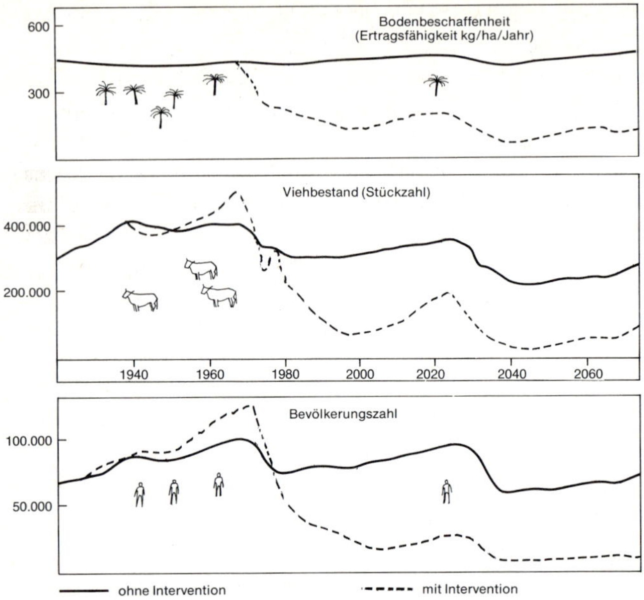

Simulationsexperiment der Entwicklung in der westafrikanischen Sahel-Zone mit und ohne die Maßnahmen der »klassischen« Entwicklungshilfe, die nicht nur nichts nutzt, sondern sogar in jeder Beziehung schadet[36]

unter Einbeziehung weiterer sozialökonomischer Bereiche, daß der klassische Typ der Entwicklungshilfe hier offenbar nicht nur keine Hilfe ist, sondern die Situation in einem Entwicklungsland sogar verschlimmert. Mit Hilfe des gleichen Simulationsmodells wurden daraufhin entsprechende Alternativen eines veränderten Typus von Entwicklungshilfe konzipiert.[37]

Gerade in den letzten Fällen von verschachtelten Regelkreisen wirkt eine geregelte Größe, oftmals gar nicht direkt erkennbar und oft erst nach längerer Zeit, über viele Zwischenglieder auf sich selbst zurück. Je nach Kombination der beteiligten Wirkungen, ob exponentiell, linear, über Grenzwerte, negative Rückkopplungen, mit und ohne zeitliche Verzögerung, werden Effekte verstärkt, in ihr Gegenteil verkehrt und so weiter. Entwicklungen, die man nur erkennen kann, wenn man sowohl ihre Vernetzung als auch ihren zeitlichen Verlauf beachtet.

In solchen Fällen haben wir es vielfach mit Zeitbomben zu tun. Etwa beim Raubbau an Rohstoffen,* bei der Erosion von Ackerböden,[38] der

* Hier kann die Erschöpfung eines einzigen mineralischen Produkts wie Zinn, Platin, Uran, Rohöl oder Helium über plötzlich ausfallende Zulieferindustrien schon in den nächsten Jahren ganze Wirtschaftszweige lahmlegen.[39]

steigenden Müllablagerung* oder der allmählichen Verschiebung von Gleichgewichten zwischen Schädlingen oder Krankheitserregern, die sich vorher lange Zeit gegenseitig in Schach gehalten haben. Zeitbomben, durch die, wenn die Uhr abgelaufen ist, ganze Populationen oder deren Wirtschafts- oder Ernährungsgrundlage trotz eines scheinbar problemlosen munteren Wachstums plötzlich sehr rasch vernichtet werden können. Die Entwicklung der plötzlich jeden Rahmen sprengenden Verschuldung in typischen Wachstumsländern wie Mexico, Brasilien, Venezuela, Japan und selbst USA entspricht diesem Prinzip. Es kommt gewissermaßen zu einem Wachstum bis an die Systemgrenzen. Werden sie überschritten, so gehorcht plötzlich das Geschehen einer übergeordneten negativen Rückkopplung, die dann natürlich auf das entsprechende Teilsystem – und dies ist zunehmend die menschliche Zivilisation – äußerst brutal zurückschlagen kann.

Ein ganz ähnlicher Mechanismus liegt auch dem Umkippen der politischen Akzeptanz im Ostblock zugrunde. Hier mußte sich erst allmählich und dann selbstbeschleunigend wie bei der Kernspaltung eine »kritische Masse« an gleichgerichtetem Bewußtsein in der Bevölkerung aufbauen, das dann in einer Kettenreaktion zum Umkippeffekt führte.

* Von wo aus verseuchte Sickerwässer auf unkontrollierte Weise Grundwässer und Flußsysteme gefährden.

4

Die Prinzipien von Struktur, Funktion und Organisation lebender Systeme sind allgemeingültig

Acht biokybernetische Grundregeln

Im Kapitel 2 hieß es, daß natürliche Systeme einer Handvoll eigenartiger Gesetze gehorchen, die man als die Grundregeln überlebensfähiger Systeme bezeichnen kann. Zu ihnen gehört das Einschaukeln in ein stabiles Gleichgewicht, genannt negative Rückkopplung, gehören Kreisprozesse wie das Recycling, die Wiederverwendung alles Produzierten, gehört weiterhin der sparsamste und effektivste Umgang mit Energie – vor allem, wenn es um andere als die Sonnenenergie geht, zu ihnen gehört das Prinzip des »Jiu-Jitsu« (der asiatischen Selbstverteidigung), wo nicht Kraft mit Gegenkraft bekämpft wird, sondern wo des Gegners Kraft lediglich umgelenkt und gesteuert (kybernetes ist das griechische Wort für Steuermann) und so für die eigenen Zwecke genutzt wird. Es gehört dazu das Zusammenleben auch grundverschiedener Lebensformen zum gegenseitigen Profit, genannt Symbiose, und andere Regeln.

Sie alle haben sich im Rahmen der Evolutionsstrategie der Natur als die inneren Führungsgrößen überlebensfähiger Systeme und Subsysteme erwiesen. Sie müßten daher auch für das System der menschlichen Zivilisation – als einem Teilsystem der Biosphäre – gelten und dessen Überleben und entwicklungsfähige Gestaltung weit mehr garantieren können als etwa so stupide Prämissen wie der eingleisige Zwang zum wirtschaftlichen Wachstum.[40]

Im folgenden haben wir die wichtigsten dieser Regeln in einer Art Checkliste zusammengestellt. Diese Checkliste soll es in einer ersten Annäherung ermöglichen, einige Parameter auch des zivilisatorischen Geschehens einmal an diesen Prinzipien zu messen. Vom Funktionieren ganzer Lebensbereiche angefangen, über ein »evolutionäres Management« bis hinunter zu einzelnen Firmen, dem Verbraucherverhalten oder den behördlichen Maßnahmen und selbst dem Design einzelner Produkte.[41]

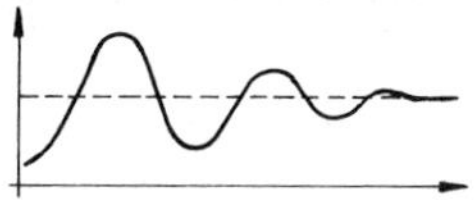

1. Negative Rückkopplung

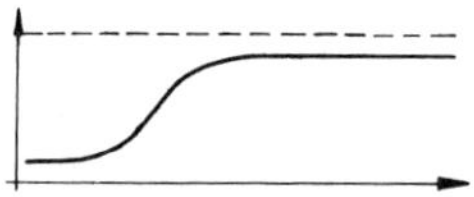

2. Wachstumsunabhängigkeit

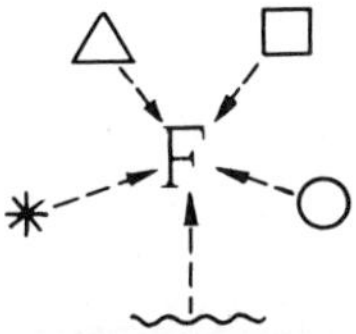

3. Produktunabhängigkeit

4. Jiu-Jitsu-Prinzip

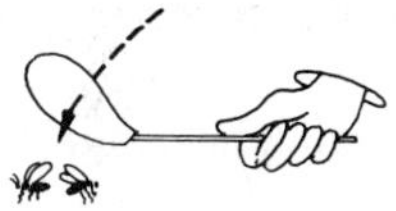

5. Mehrfachnutzung

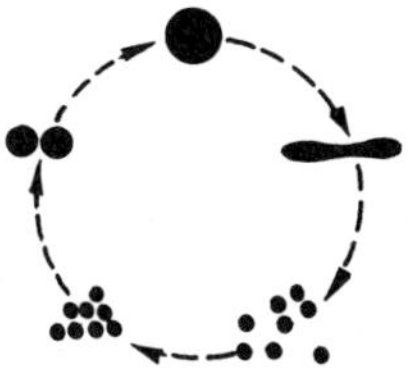

6. Recycling

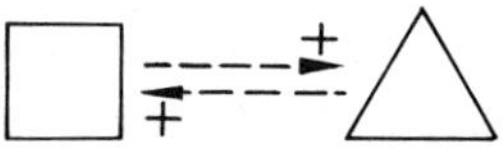

7. Symbiose

8. Biologisches Design

REGEL 1

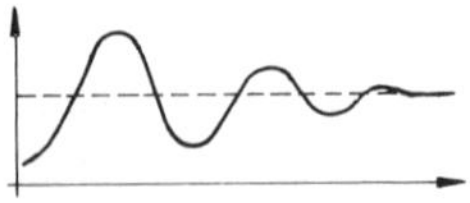

Negative Rückkopplung in verschachtelten Regelkreisen

Ein Regelkreis stabilisiert sich über negative Rückkopplung. Diese Selbststeuerung in Kreisprozessen beziehungsweise zwischen Grenzwerten ist das wichtigste Organisationsprinzip eines Teilsystems, sobald dieses innerhalb des Gesamtsystems überleben will. Jedes Teilsystem, das endgültig in eine positive Rückkopplung umschlägt (Circulus vitiosus), wird sich entweder nach oben oder nach unten aufschaukeln, das heißt entweder explodieren oder verschwinden.

Beispiele hierfür sind die Steuerung der Hormonkonzentration im menschlichen Organismus durch das vegetative Nervensystem, die Regelung der Benzinzufuhr durch den Vergaserschwimmer, die Wirkungsweise des Fliehkraftreglers oder das Populationsgleichgewicht zwischen Raubtier und Beute.

Wo immer möglich, sollten wir daher zur Gestaltung unserer Umwelt die Einführung von Selbststeuerung durch Regelkreise mit negativer Rückkopplung erwägen. Positive Rückkopplung, also ein selbsttätiges Sich-Aufschaukeln, ist zwar ebenfalls, wie wir gesehen haben, zum Überleben nötig, sozusagen als Motor, der die Dinge in Gang bringt, muß aber immer von negativer Rückkopplung dominiert sein, damit sich ein stabiles Gleichgewicht einstellt – egal von welcher Seite her die Störung kommt.

Selbststeuerung in verschachtelten Regelkreisen bedeutet auch, daß der Steuermann nie außerhalb des Systems steht, sondern immer Teil des Systems ist. Das ist der große Unterschied zwischen der Biokybernetik und der Kybernetik der Regeltechnik. Ein absoluter Dirigismus, wie es bei einer von außen gesteuerten Regeltechnik die Folge wäre, kann hier also nicht eintreten. In der Tat finden wir in der biologischen Welt eher die dezentralen Prinzipien der freien Marktwirtschaft als solche eines zentralistischen Dirigismus.

Das gilt bis hin zur einer Subventionierung durch den Staat. Sie zementiert heute meist nur überholte Wirtschaftsformen und durchbricht natürliche, gesunde Regelkreise. Deshalb sollten wir dankbar die Reaktionen beachten, wie sie uns in manchen Regelkreisen begegnen. Und dies zu einem Zeitpunkt, bevor etwa Touristengebiete durch zu stürmische Entwicklung wieder abstoßend werden und verwaisen oder bevor Firmen durch Subventionierung Überkapazitäten entwickeln, an denen sie dann – wie in der Textilindustrie, der Automobilbranche, der Werftindustrie oder in der Stahlfabrikation vielfach der Fall – zugrunde gehen. Der krasseste Fall ist wohl die Landwirtschaft, in der durch Sprengung ursprünglich funktionierender Regelkreise sowohl im biologischen als auch im marktwirtschaftlichen Bereich wesentliche negative Rückkopplungen umgangen wurden – mit dem bekannten Resultat. Die nachstehende Abbildung zeigt das Prinzip eines einfachen Regelkreises, wie er auf S. 39 genauer beschrieben ist.

Wir sollten also die Kybernetik negativer Rückkopplungen möglichst frühzeitig akzeptieren, sie nutzen und unsere Strategie darauf ausrichten, statt sie durch künstliche Eingriffe zu umgehen, was (wie bei den Elefanten im Naturschutzpark) letztlich doch nur in einer Katastrophe endet.

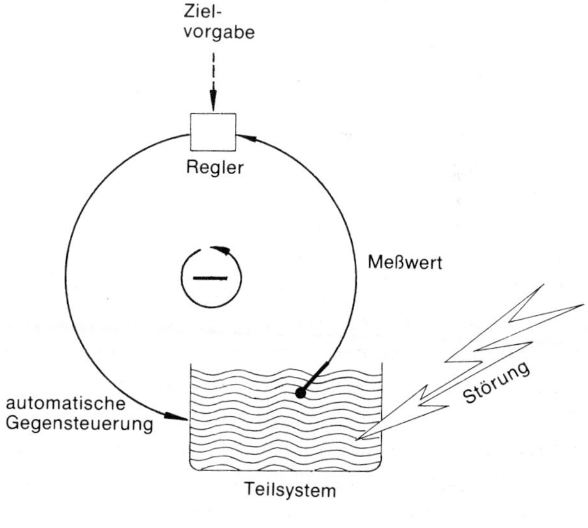

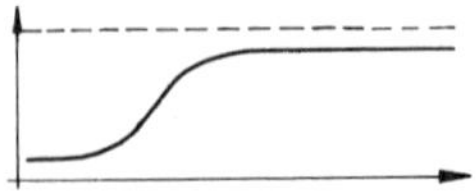

Unabhängigkeit der Funktion
vom quantitativen Wachstum

Das Einschaukeln eines Systems in ein stabiles Gleichgewicht ist unvereinbar mit einem kontinuierlichen Wachstum dieses Systems. Deshalb finden wir in biologischen Vorgängen immer nur entweder Wachstum (instabil, temporär) oder Funktion (stabil, permanent). Wenn ein Teilsystem wie eine Gehirnzelle durchgehend differenziert ist und dem Wachstum völlig abgesprochen hat, ist es in seiner Funktion optimal. Das Wachstum der Gehirnzellen ist daher wenige Monate nach der Geburt bereits abgeschlossen – nun erst kann das Denken beginnen. Jedes System, jedes Verfahren, jedes Produkt – sie alle sollten daraufhin geprüft werden, ob sie auch nicht primär wachstumsorientiert, sondern funktionsorientiert sind.[42]

Die Abhängigkeit vom Wachstum ist einer der stupidesten Zwänge, die es gibt. Denn sie vereitelt jegliche Evolution, Entfaltung, Flexibilität und Anpassung und gefährdet damit die Überlebensfähigkeit. Damit kein Irrtum aufkommt: Wachstum als solches ist vorübergehend und unter entsprechenden Umständen durchaus akzeptabel. Die *Abhängigkeit* vom Wachstum ist es, die gefährlich ist. Die Starrheit, mit der an der überholten Wachstumsphilosophie und damit an monistisch-linearen Denkformen festgehalten wird, und der Glaube an die Permanenz von Expansionen zeugen von einem mangelnden Systemverständnis und können nur als Fluchtversuch vor dem nötigen Umdenken bezeichnet werden – ganz abgesehen von der damit verbundenen Lähmung jeglicher Kreativität. In der Tat ist Management in einer Wachstumsphase keine Kunst und braucht wenig Überlegung. Verständlich, daß die darin Erfolgreichen wenig geneigt sind, nach Abschluß einer solchen Phase umzulernen, sondern lieber mit allen möglichen Mitteln deren Verlängerung erzwingen wollen.

Ein Beispiel bietet die in einem euphorischen Boom immer weiter angewachsene Welttankerflotte, von der längst ein großer Teil überflüssig geworden ist. Nach Statistiken der Firma Lloyds dümpelten bis 1981 schon 50 Supertanker ungenutzt vor sich hin, weitere 32 lagen als schwimmende

Reservetanks vor Anker und noch einmal 82 Millionen Tonnen waren ständig zwischenzeitlich ungenutzt. Erst zu diesem Zeitpunkt kam die Krise der Tankerriesen voll zum Durchbruch. Die Folge: Ein Reeder nach dem anderen – selbst einst gut etablierte Firmen – mußte Konkurs anmelden.

In Ländern mit extremer Wachstumsabhängigkeit wie Japan erschüttern daher bereits Senkungen der Wachstumsrate von zum Beispiel 5 auf 4 Prozent das gesamte Staatsgebilde.

Völlig absurd erscheint daher die jahrzehntelange politische Einschwörung auf das wachsende Bruttosozialprodukt, sozusagen als Überlebensgarantie. Wie wenig dies mit Überleben zu tun hat, sehen wir schon daran, daß schließlich jeder Autounfall, jede Einlieferung in die Intensivstation eines Krankenhauses, jede Umweltverschmutzung und ihre Beseitigung dieses ominöse Bruttosozialprodukt anwachsen läßt. Am kräftigsten wächst es in einem Krieg.

Wenn ein System langfristig überleben will, muß es außerdem Metamorphosen durchmachen. Das soll unser Bild mit der Raupe andeuten. So wäre die Raupe ab einer gewissen Größe nicht mehr lebensfähig. Und auch als noch so große Raupe könnte diese Spezies ihre Funktion weder erfüllen noch sich fortpflanzen. So schaltet sie rechtzeitig auf Nullwachstum um, wird innovativ und wird zum Schmetterling. Auch wir sollten uns merken, daß Wachstum Metamorphosen nicht ersetzen kann.

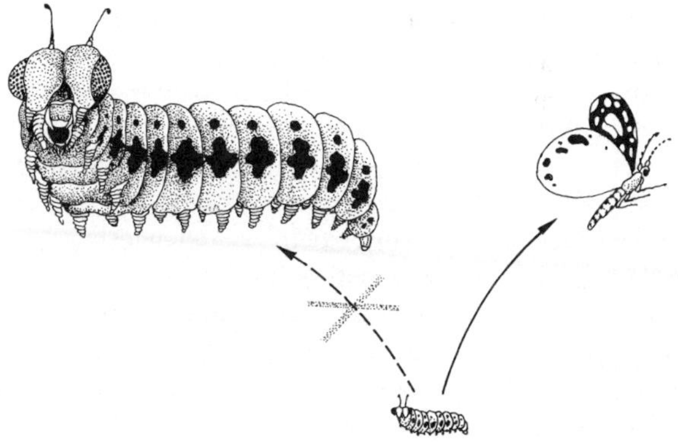

REGEL 3

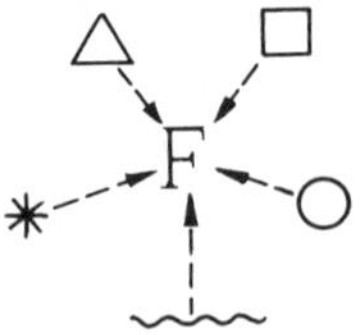

Unabhängigkeit der Funktion vom Produkt

Auch diese Regel zielt in Richtung einer optimalen Funktion und wird zum Beispiel eine Region oder ein Unternehmen weniger krisenanfällig machen. Jede »Zelle« eines Systems organisiert sich entsprechend ihrer Aufgabe, das heißt unabhängig von den jeweils hergestellten Produkten, mit denen sie ihre Funktion sichert, ihre Bedürfnisse befriedigt. Produkte sind sekundär und müssen daher austauschbar sein.

Die Mitochondrien zum Beispiel, winzige Kraftwerke in unseren Körperzellen, haben die Aufgabe, zwischen Stoff- und Energieumsatz zu steuern. Sie können über ein und denselben Zyklus sowohl Kohlenhydrate zu Kohlendioxid verbrennen als auch auf die Herstellung von Aminosäuren abzweigen. Selbst Bakterien stellen je nach »Milieu« und Umweltbedingungen unterschiedliche Enzyme und damit Produkte her, um mit der jeweiligen Situation fertig zu werden. Ein Prinzip, das für die kleinsten wie für die größten biologischen »Arbeitsprozesse« typisch ist.

Überlebensfähige Systeme sind daher funktionsorientiert statt produktorientiert. Dies ermöglicht eine weit größere Flexibilität und Anpassung an Veränderungen. Denn Produkte kommen und gehen, Bedürfnisse und damit Funktionen aber bleiben. Ein Unternehmen, das heute Autos baut, sollte sich daher nicht nur als Autobauer verstehen, sondern als jemand, der im Verkehrsgeschäft tätig ist.[66] Die Starrheit in der Fixierung auf ein Produkt ist mittlerweile schon grotesk. Man denke an den Fall des Automobilriesen Chrysler, der, als es nötig war, das Kapital für wirklich zukunftsträchtige Investitionen nicht mehr zur Verfügung hatte, so daß gerade *wegen* des falsch kalkulierten Ausbaus der Firma Tausende von Arbeitsplätzen verlorengingen. Andere Unternehmen sind hier schon klüger. Sie gehen nicht nur auf den Markt anderer Fahrzeuge und neuer Verkehrsmedien über, sondern selbst bis in die Siedlungsstruktur hinein, wo man ja den Verkehr auch dadurch lösen kann, daß man ihn gar nicht erst aufkommen läßt: etwa durch das Zusammenlegen von *Wohnen, Leben und Arbeiten.*

Ähnlich dürften sich auch Elektrizitätswerke nicht als Stromerzeuger betrachten, sondern als *Energieversorger,* was auch darin bestehen kann, die Energienachfrage zu verringern und den Energieverbrauch durch *alternative Technologien* zu ersetzen. Ein Weg, den einige amerikanische »Utilities« (EVU's) inzwischen mit Erfolg – auch wirtschaftlichem (!) – beschritten haben.[78]

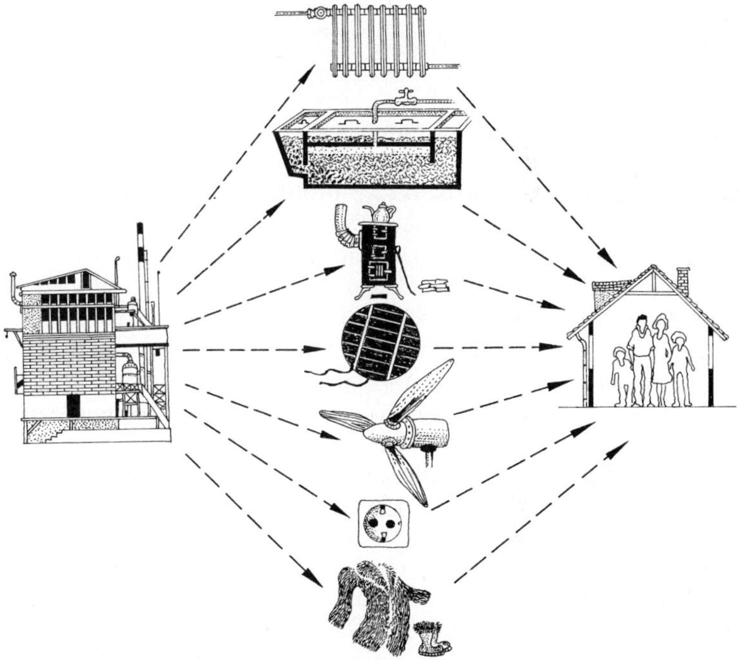

REGEL 4

Das Jiu-Jitsu-Prinzip

Die Natur liefert uns nicht nur Grundlagen für die Organisationsstruktur der Systeme selbst, sondern auch für die effizienteste Art, diese Systeme zu unterhalten. Eines der Hauptmittel dazu ist der Einsatz bereits existierender Kräfte und Energien und deren Steuerung und Umlenkung im gewünschten Sinne, anstatt die vorhandene Kraft des »anderen« mit eigener Kraft zu bekämpfen und dann noch mal eigene Kraft für das aufzuwenden, was man eigentlich erreichen will. Mit Energiekaskaden, Energieketten und Energiekoppelungen erreicht die Natur durch dieses Prinzip einen unvergleichlich hohen energetischen Wirkungsgrad.[43]

Anstatt behindernde Kräfte zu zerstören, sollte man sie also nutzen, das heißt durch Anwendung geringfügiger Steuerenergie umlenken – ganz in Art der asiatischen Selbstverteidigung.

In der Wirtschaftspraxis hieße das: Nutzung profitabler Selbstregulationen wie der Selbstreinigungskraft der Gewässer, der Produktionskraft vitaler Böden und anderer intakter Ökosysteme. Diese Regel gilt natürlich ebenso wie für den wirtschaftlichen Bereich auch für den organisatorischen, den psychosozialen und den technischen Bereich und ist insbesondere auf dem Energiesektor Gold wert. Wir können sie auf die Klimatisierung unserer Bauten ebenso anwenden wie auf Überlegungen zur Nutzung von Energiekaskaden und Energieketten. Sei dies im Verkehrsbereich, in der Wirtschaftspolitik, in der Abfallverwertung oder in der Architektur.

Ein wirklich kybernetisches Haus zum Beispiel wird die Sonneneinstrahlung, den Wärmeaustausch, die Lüftung und das Tageslicht durch eine abgestimmte Kombination ihrer verschiedenen Wirkungen nutzen. Die Abstrahlung und der nächtliche Temperaturabfall werden zur Abkühlung, die Sonneneinstrahlung zur Erwärmung, der Temperaturunterschied der einzelnen Gebäudeteile und die damit zusammenhängenden Luftdruckunterschiede und Luftbewegungen zur Lüftung benutzt, wobei die gewünschte zeitliche Verschiebung bei der Übertragung bis zum Innenraum mitberücksichtigt wird.

Sonnenstand, Jahreszeit, Wind und Himmelsrichtung, Veränderung der Luftfeuchtigkeit, Außenanstrich und Flächenneigung werden also alle zusammen in ein gemeinsames Regelsystem integriert. Dieses Prinzip leitet schon gleich über zum nächsten.

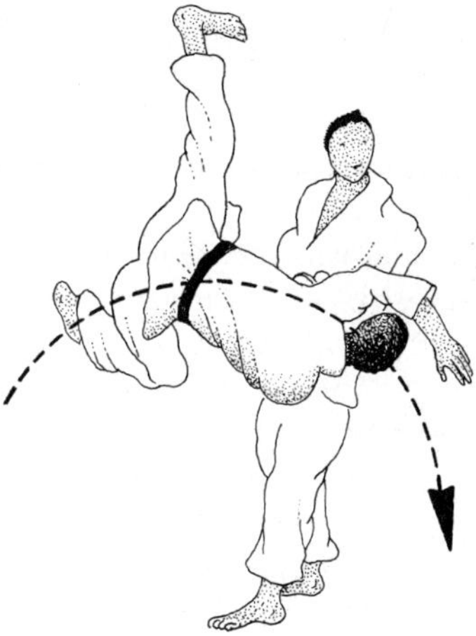

REGEL 5

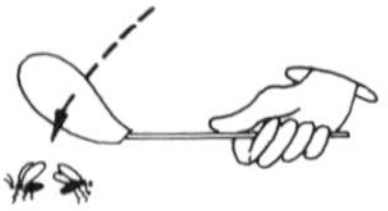

Das Prinzip der Mehrfachnutzung

Überlebensfähige Systeme entwickeln Produkte und Vorgänge, bei denen mehrere Fliegen mit einer Klappe geschlagen werden – im Grunde eine Spielart des Jiu-Jitsu-Prinzips. Möglichst nichts, was wir schaffen oder tun, möglichst kein Produkt und kein Verfahren sollten nur für einen Zweck einsetzbar sein. Auf eine solche Mehrfachnutzung zielen letzten Endes sämtliche Punkte dieser Checkliste hin.

Das Prinzip entspricht der Energie und Aufwand sparenden Arbeitsweise der Natur, wo die Bestäubung der Blüten gekoppelt ist mit der Ernährung der Insekten, wo der Regenwurm nicht nur den Vögeln als Futter dient, sondern gleichzeitig den Boden durchlüftet, wo die Blätter die Feuchtigkeit zwischen Pflanze und Luft regeln, aber auch die Photosynthese besorgen. Das gleiche rationelle Prinzip finden wir auch bei uns in der Kopplung der Sexualität mit sozialen Aufgaben wie Partnerzusammenhalt und Aggressionshemmung, wo die Ausschüttung von Sexualhormonen nicht nur der Fortpflanzung dient, sondern gleichzeitig das Immunsystem und die Krankheitsabwehr stärkt und uns vor Infektionen und krebsartigen Erkrankungen schützt.

Das heißt, daß auch wir bei möglichst allem, was wir schaffen, tun und produzieren, versuchen sollten, mehrere Fliegen mit einer Klappe zu schlagen. Ein Gebäude hat eben nicht nur seine Funktion für die Bewohner, denn gleichzeitig kann es auch dem Stadtbild Geborgenheit geben und Lärm schlucken, für wärmespeichernde Gassen im Winter, für kühleschenkende im Sommer sorgen; man kann mit seiner Hilfe Frischluftschneisen entstehen lassen, statt sie zu verbauen; oder man nutzt, wo ohnehin ein Dach da ist, riesige Auffangflächen für Sonnenenergie oder kombiniert dies mit Grünflächen auf dem Dach, die als biologische Speichermaschinen die Temperatur moderieren.

Genauso in vielen anderen Bereichen: In der Schule, wo man Lernen und Erlebnis koppeln könnte, im Sport, wo Entspannung, Gesundheit und soziale Kontakte zusammenfließen, in der Technik, wo eine Maschine neben ihrer Produktionsfunktion gleichzeitig Abwärme zur Heizung oder Dampf zur Stromerzeugung liefert. Ein Beispiel: Firmen wie Lackierbetriebe oder Großbäckereien können, statt die Umwelt zu belasten, durch Einbau einer Wärmerückgewinnung sogar noch von ihr profitieren: die Energiekosten sinken ab, der eingesparte Betrag finanziert gleichzeitig die im Mietkauf installierte Anlage, die Umwelt wird von Abwärme und Abgasen entlastet, Rohstoffe werden geschont, die Produktionskosten sinken, Arbeitsplätze werden geschaffen und weitere Firmen verdienen – ohne daß einer draufzahlt.

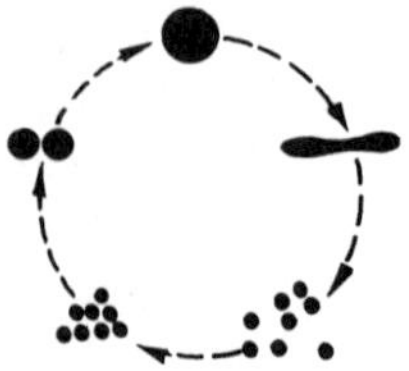

Das Prinzip des Recycling

Eine exemplarische Realisierung der bisherigen Regeln bietet auch das Prinzip des Recycling: das nutzbringende Wiedereingliedern von Abfallprodukten (die die Natur überhaupt nicht als solche kennt) in den lebendigen Kreislauf der beteiligten Systeme.[44] Dazu müssen wir von dem unvernetzten eindimensionalen Denken abgehen, in dem wir erzogen wurden, ein Denken, welches ja immer nur Anfang und Ende, eindeutige Ursache und Wirkung kennt. Denn in Kreisprozessen verschwindet automatisch der Unterschied zwischen Ausgangsstoff und Abfall, ähnlich wie im kybernetischen Regelkreis Ursache und Wirkung verschmelzen.[15]

Konsum und Abfallbeseitigung sind also zwei untrennbare Punkte eines gemeinsamen größeren Kreislaufs. Konsumieren ist – von welcher Seite wir es auch betrachten – letzten Endes nichts anderes als das Verwandeln hochwertiger Wirtschaftsgüter in Abfälle. In diesem Sinne kommt sozusagen das gesamte Sozialprodukt – abzüglich der Dienstleistungen – mit unterschiedlicher Verzögerung als Abfall wieder auf die Menschheit zu.

Anders die Natur. Sie wird mit ihren eigenen Produkten dadurch fertig, daß sie nichts produziert, für das sie nicht auch ein Enzym parat hätte, welches das Produkt wieder zersetzen und in einen Kreislauf zurückführen kann. Ein Vorgang, für den die Natur die gleiche Sorgfalt aufwendet wie für den der Produktion. Die Liste der in Kreisprozesse überführbaren Abfälle wird Jahr für Jahr weiter ansteigen. Sie reicht vom Leder bis zum Blei der Akkumulatoren und stellt eine lohnende Herausforderung an das Innovationspotential unserer chemischen Industrie dar, die durch den Einsatz geeigneter biologischer und chemischer Katalysatoren eine ganz neue Gruppe von Umwandlungsprozessen etablieren kann.

Über das Wiedereingliedern von Abfallprodukten in neue Kreisläufe braucht heute nicht mehr viel gesagt zu werden. Vielleicht aber die Bemerkung, daß ein Recycling *innerhalb* einer Branche – worauf wir uns leicht in unserer fachspezifischen Denkweise beschränken – natürlich weit weniger

Möglichkeiten ergibt als ein Recycling, ein Material- und Energieaustausch *zwischen* verschiedenen Branchen. Denken wir nur an die Möglichkeit der Herstellung von Bausteinen durch Verbackung aller möglichen Abfälle inklusive Fäkalien. Alles reichhaltig vorhandene, sonst nicht verwendete Materialien, für die bereits kommerziell erprobte Verfahren zur Bausteinherstellung existieren. Was die Energierückgewinnung und den Warm- und Kühlwasseraustausch angeht, so sind zwischen Brauereien und Wäschereien, Nährmittelfabriken und Landwirtschaft, Papierfabriken und Sägewerken oder Kraftwerken und Fischzuchtanlagen Verbundsysteme möglich. Dieser Gedanke, daß Recycling zwischen verschiedenen Branchen mehr Möglichkeiten gibt, zieht auch hier wieder das nächste Prinzip nach sich.

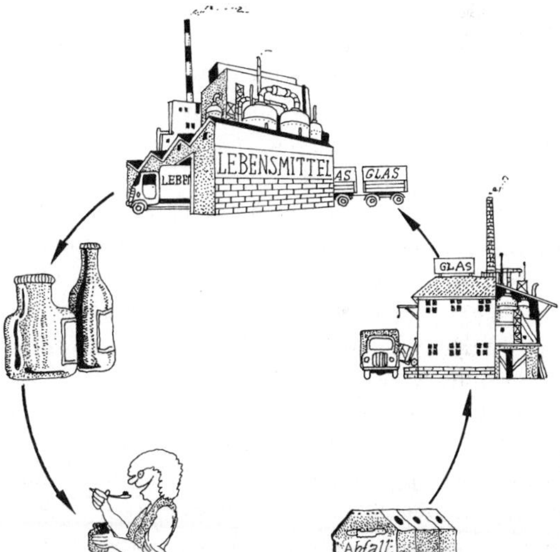

REGEL 7

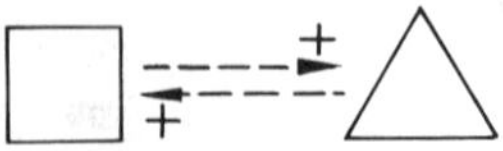

Das Prinzip der Symbiose

Symbiose ist das Zusammenleben artfremder Organismen und Systeme zu deren gegenseitigem Nutzen (im Gegensatz zur parasitären Ausnutzung). Sie hat in der Biologie die vielfältigsten Erscheinungsformen[45] – von den Blattläuse melkenden Ameisen bis zu den nebenstehend abgebildeten Nashornvögeln, von Darmbakterien, die von der Nahrung des Menschen leben und ihm dafür lebenswichtige Vitamine aufbauen, bis zur globalen »offenen« Symbiose zwischen Tier- und Pflanzenwelt über den Kreislauf von Photosynthese und Atmung.

Der amerikanische Biologe René Dubos sagte: »Die Symbiose, bei der jeder Partner einen Vorteil hat, darf nicht mehr, wie bisher, als eine merkwürdige Ausnahme betrachtet werden. Sie ist vielmehr dasjenige Phänomen, welches die Höherentwicklung biologischer wie sozialer Systeme überhaupt ermöglicht.« Vielzeller, zu denen auch wir gehören, sind wahrscheinlich überhaupt erst durch die Symbiose von bakteriengroßen Mitochondrien (oder im Pflanzenreich von Chloroblasten) mit ehemals amöbenartigen Einzellern möglich geworden.[46]

Symbiose führt immer zu einer beträchtlichen Rohstoff-, Energie- und Transportersparnis und damit zu vervielfachtem, meist kostenlosem Nutzen für alle daran beteiligten Glieder. Je verschiedenartiger diese sind, desto mehr Möglichkeiten zur Symbiose gibt es. Sie wird also begünstigt durch Vielfalt auf kleinem Raum. Große gleichförmige Bereiche, zentrale Energieversorgung, reine Schlaf-Städte, Monokulturen (auch was Industriezweige und Produktherstellung betrifft) müssen daher auf die Vorteile symbiotischer Beziehungen – und damit auch auf deren stabilisierenden Effekt – verzichten; Beziehungen, die an und für sich bei anderer Aufteilung vervielfacht möglich wären. Nutzung von Symbiosen bedeutet also Kleinräumigkeit bei Neuplanungen, aber auch sinnvolle Kopplung bestehender Einrichtungen, zum Beispiel im industriellen Bereich.[47]

Weit über die Funktion von »Abfallbörsen« hinaus läßt sich so eine Art von *Ökosystemen der Wirtschaft* bilden: Werke der Metallindustrie, die mit solchen der Papierindustrie zusammenarbeiten, Baustoffindustrie mit Kohleentschwefelung, Nahrungsindustrie verbunden mit Wasserreinigung und Abfallverwertung und so weiter – wo nötig auch mit geschickt ausgewählten *neuen* Anlagen als Bindeglied.

So könnten weitere Symbiosen hinzukommen: eine lautlose Metallgewinnung aus den verschiedensten Erzen durch Züchtung spezieller Mikroorganismen (so wie bereits heute ein großer Teil der Kupfergewinnung funktioniert), Photosyntheseanlagen zur Gewinnung von Energie, Sauerstoff oder Algenproteinen und ähnliche Biotechnologien. In solchen kybernetischen Verbundlösungen liegt jedenfalls noch ein ungeheures Potential unserer Wirtschaft fast völlig brach. Das Aufbauen von Symbiosen ist jedoch in erster Linie eine Kommunikationsaufgabe, erst in zweiter eine technologische.

Die prinzipielle Befolgung eines biologischen Grunddesigns

Unsere abschließende Regel soll neben der organisatorischen Kybernetik noch einmal die gestaltende Bionik zum Gegenstand haben.[30] Jedes Produkt, jede Funktion und Organisation sollten mit der Biologie des Menschen und der Natur vereinbar sein. Dies ist nicht nur eine ökologische, sondern immer mehr auch eine ökonomische Forderung. Die Gesundheit von Mensch und Natur ist schließlich über Sozialkosten und Umweltbelastung eng mit der gesamten Volkswirtschaft verflochten. Der Verlust der Selbstreinigungskraft von Flüssen bedeutet ebenso schlagartig eine finanzielle Belastung wie etwa der Verlust der Immunabwehr des Menschen durch Streß, der über Krankheit und Leistungsabfall zu hohen Soziallasten führt.[48]

Nach diesem Prinzip müssen Strukturen, Funktionen und Organisationsformen, sollen sie zu überlebensfähigen Teilsystemen führen, den Gesetzmäßigkeiten der Biosphäre entsprechen.

Ein typisches biologisches Designprinzip ist zum Beispiel die »Unregelmäßigkeit in der Regelmäßigkeit«, wie wir sie bei jedem Blatt finden, wo eben die vielen »gleichen« Zacken letztlich doch nicht ganz gleich sind. Dies entspricht auch der Struktur unserer eigenen Körperzellen. Bei der Wahrnehmung solcher Formen stellt sich daher Resonanz mit dem eigenen Muster ein, das heißt Wiedererkennung, Vertrautheit und Wohlgefühl – und damit nicht zuletzt auch erhöhte Akzeptanz und damit zum Beispiel auf dem Markt erhöhte Verkaufschancen. Ökologie heißt hier, wie so oft, auch Ökonomie.

Ähnlich steht es mit der Attraktivität von Häuserkulissen und ihrer entweder stressenden Gleichförmigkeit oder aber anheimelnden Unregelmäßigkeit, wie wir sie am Hafen von St. Tropez finden oder bei den unterschiedlich geneigten Häusern an den Amsterdamer Grachten oder den eine tiefe Geborgenheit ausstrahlenden Lehm- und Adobeformen des natürlichen Baustils der »anonymen« Architektur, wie er von Afrika über Persien bis zu den Pueblos von New Mexico, aber auch wieder zunehmend in modernen Bauten zu finden ist.[79]

Schon Planung und Gestaltung sollten daher nie isoliert, sondern im Feedback mit der lebendigen Umwelt geschehen. Das erstreckt sich bis hin zu einer neuen Form der Bürgerpartizipation etwa bei der Landes- oder Regionalplanung und einer weit stärkeren Einbeziehung der sozialen Verträglichkeit in die organisatorische wie technologische Entwicklung.

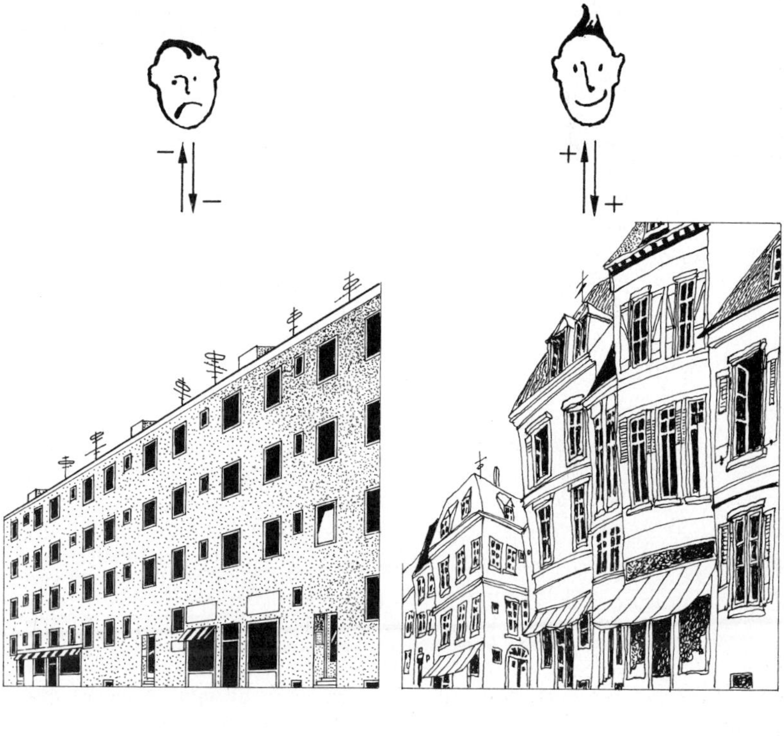

DIE ACHT GRUNDREGELN DER BIOKYBERNETIK

	Grundregel	Bedeutung für die Systemdynamik
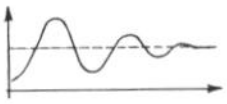	1. Negative Rückkopplung muß über positive Rückkopplung dominieren.	Positive Rückkopplung bringt die Dinge durch Selbstverstärkung zum Laufen. Negative Rückkopplung sorgt dann für Stabilität gegen Störungen und Grenzwertüberschreitungen.
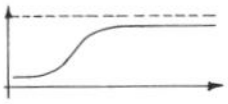	2. Die Systemfunktion muß unabhängig vom Wachstum sein.	Der Durchfluß an Energie und Materie ist langfristig konstant. Das verringert den Einfluß von Irreversibilitäten und das unkontrollierbare Überschreiten von Grenzwerten.
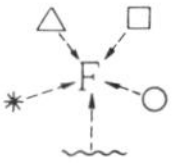	3. Das System muß funktionsorientiert und nicht produktorientiert arbeiten.	Entsprechende Austauschbarkeit erhöht Flexibilität und Anpassung. Das System überlebt auch bei veränderten Angeboten.
	4. Nutzung vorhandener Kräfte nach dem Jiu-Jitsu-Prinzip statt Bekämpfung nach der Boxermethode.	Fremdenergie wird länger ausgenutzt (Energiekaskaden, Energieketten), während eigene Energie vorwiegend als Steuerenergie dient. Profitiert von vorliegenden Konstellationen, fördert die Selbstregulation.
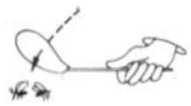	5. Mehrfachnutzung von Produkten, Funktionen und Organisationsstrukturen.	Reduziert den Durchsatz. Erhöht den Vernetzungsgrad, verringert den Energie-, Material- und Informationsaufwand.
	6. Recycling. Nutzung von Kreisprozessen zur Abfall- und Abwärmeverwertung.	Ausgangs- und Endprodukte verschmelzen. Materielle Flüsse laufen kreisförmig. Irreversibilitäten und Abhängigkeiten werden gemildert.
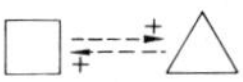	7. Symbiose. Gegenseitige Nutzung von Verschiedenartigkeit durch Kopplung und Austausch.	Begünstigt kleinräumige Abläufe und kurze Transportwege. Verringert Durchsatz und externe Dependenz, erhöht interne Dependenz. Verringert den Energieverbrauch.
	8. Biologisches Design von Produkten, Verfahren und Organisationsformen durch Feedback-Planung mit der Umwelt.	Berücksichtigt endogene und exogene Rhythmen. Nutzt Resonanz und funktionelle Paßformen. Harmonisiert die Systemdynamik. Ermöglicht organische Integration neuer Elemente nach den acht Grundregeln.

Diese Regeln sind sowohl schon in einzelnen Zellen anzutreffen wie im vielzelligen Organismus und genauso darüber hinaus in Populationen und Ökosystemen. All das macht die Biosphäre zu dem, was sie ist: zu einer in ihrer Art einzigartigen Superfabrik, die sich selbst steuert und reguliert, die allen äußeren Störfaktoren getrotzt und bis heute jene sensationelle Überlebenszeit von mehreren Milliarden Jahren aufzuweisen hat.

Die Tatsache, daß uns diese Grundregeln komplexer Systeme kaum interessiert haben, ist daher, wie schon eingangs betont, mit ein Grund, warum auch die in einem vernetzten Denken wurzelnden kybernetischen Technologien noch so ganz in den Anfängen stecken, weshalb wir kaum Kompostierung mit Abfallrecycling verbinden und dies gleichzeitig mit Wärmegewinnung, mit Biogasherstellung und Wasserreinigung und weshalb wir kaum Energieketten einsetzen, kaum Mehrfachnutzung durch Energieboxen und andere Arbeitsformen einer eleganten, kleinräumigen und dafür umso effizienteren Technologie im Verbund.

Diese acht Grundregeln, die eigentlich für jedes offene komplexe System Gültigkeit haben und dessen so notwendige Selbstregulation und damit Überlebensfähigkeit ermöglichen, lassen sich unmittelbar in die Praxis umsetzen. So wurde zum Beispiel an der Fachhochschule Köln von Elmar Mayer ein biokybernetisches Controlling[49] erarbeitet, und auch das an der Wirtschaftshochschule St. Gallen entwickelte »Evolutionäre Management«[50] und die »Ganzheitliche Frühwarnung«[51] beziehen diese Grundregeln ein.

Eines der vielen Unternehmen, die diesen Ansatz inzwischen ernst nehmen, ist zum Beispiel die Karlsberg Brauerei AG im Saarland. Die erste Regel der »Selbstregulation« führte im Hinblick auf die zu erwartende Evolution in der Unternehmensführung zu folgender Überlegung: In der Vergangenheit hieß es: Wie führe ich ein Unternehmen? In der Gegenwart dreht es sich darum: Wie führen wir ein Unternehmen? In Zukunft muß es jedoch heißen: Wie führt sich ein Unternehmen? Basierend auf den biokybernetischen Grundregeln wurden Führungslehre und Selbstverständnis des Unternehmens neu ausgerichtet: aus dem Vergleich mit der Natur, die beim Wachsen von Systemen selbständige Teilsysteme bildet, und in Anlehnung an die acht biokybernetischen Grundregeln entwickelte die Brauerei eigenverantwortliche strategische Einheiten im Verbund.[52] Die Aufgabe des Managements wird es vor allem sein, Möglichkeiten zur Einhaltung bestimmter Regeln der Kybernetik zu schaffen, um damit der Bildung spontaner Ordnung und damit wiederum einer Art von »Ökosystemen der Wirtschaft« eine Chance zu geben.

Für diejenigen, die damit begonnen haben, die acht Grundregeln anzuwenden, lag vielleicht die größte Überraschung darin, daß sie tatsächlich funktionieren. Und wenn irgendwo, dann liegen hier auch die größten Zukunftsmöglichkeiten für unsere in die Krise geratenen Industrieländer, vor allem denjenigen des ehemaligen Ostblocks – nicht zuletzt auch, was eine »symbiotische« Partnerschaft mit den Ländern der Dritten Welt und der Volksrepublik China betrifft.

5

Eine Analog-Computeranlage für Biofeedbackexperimente

Wie man ein komplexes System erfaßt

Wir wissen nun, warum wir neue Entscheidungshilfen brauchen, und auch, woher wir dazu verläßliche Hinweise erhalten. Wir haben uns weiter vor Augen gehalten, daß unsere ökologische Untersuchung dazu führen muß, einen Verdichtungsraum in seiner Ökologie und Kybernetik zu verstehen, und daß sich daraus Entscheidungshilfen ergeben müssen, die in Richtung auf ein überlebensfähiges System hinsteuern.

Weiterhin müssen wir uns darüber im klaren sein, daß ein offenes komplexes System sich völlig anders verhält, als aus der Addition seiner Teile zu erwarten wäre. Wir müssen also insbesondere das Beziehungsbild zwischen seinen Komponenten erfassen. Denn nur dessen Struktur und Dynamik läßt die kybernetische Rolle der Komponenten im System erkennen und damit auch erstmalig die Reaktionen und das »Verhalten« des Systems als Ganzes.

Grundforderungen an ein Simulationsmodell

Es ist klar, daß es dazu nicht ausreicht, Input-Output-Analysen durchzuführen, und auch nicht, lediglich ökologische Einzelprobleme an der Checkliste unserer acht Grundregeln zu überprüfen. Erst wenn man in einem definierten Gebiet, zum Beispiel einem Landkreis der Region Untermain, die Dynamik der Wechselwirkungen sowohl zwischen den ökologisch relevanten Größen, als auch zwischen diesen und den wichtigsten Lebensbereichen (dem wirtschaftlichen, dem psychologischen, dem technischen und so weiter) erfaßt und berechnet, wird es möglich sein, die wirklich kritischen Punkte herauszugreifen oder bei aufkommenden Krisen das Richtige zu tun.

Für die Konzeption eines entsprechenden Simulationsmodells ergeben sich so folgende Grundforderungen:

1. Das Modell muß die reale *kybernetische Vernetzung* aller relevanten Lebensbereiche der betreffenden Region aufzeigen.
2. Es darf keine theoretische Abhandlung entstehen, sondern ein *echtes Arbeitsinstrument* für den Anwender.
3. Dieses Instrument soll möglichst gleichzeitig *verschiedenen Anwendergruppen* dienen – nicht zuletzt, um auch dadurch wieder der realen Vernetzung zu entsprechen.
4. Es muß trotz seiner Ausrichtung auf eine bestimmte Region Allgemeingültigkeit besitzen und in seinem *Prinzip* auf andere Regionen *übertragbar* sein.

Wir müssen uns also eine Art Landkarte von der Wirklichkeit machen, die nicht nur zeigt, wo was ist, sondern auch, was wie aufeinander wirkt. Und darüber hinaus: wie stark es aufeinander einwirkt, mit welcher zeitlichen Verzögerung, wo ähnliche Wirkungen zu einer gemeinsamen zusammengefaßt werden, wo Bereiche sind, die eine ausgleichende puffernde Wirkung haben oder solche, die äußerst empfindlich reagieren, also besonders kritisch sind.

Die variablen und festen Größen

Was sind das nun für Größen, die in das Modell mit einbezogen werden sollen? Welche Zahlen, Fakten und Gegebenheiten müssen gesammelt und geprüft werden? Hier können wir drei Kategorien unterscheiden:

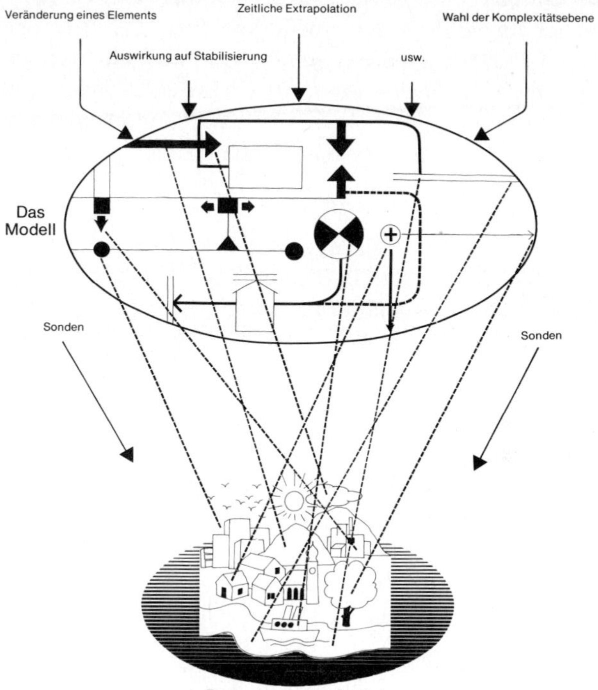

Was ist ein Simulationsmodell?

Ähnlich wie es von einem Gebiet eine Landkarte gibt, mit der man planen und arbeiten kann, so kann man von jedem System im Prinzip auch ein Systemmodell anfertigen. Das System selbst ist meist nur in seinen Grundzügen bekannt und in seiner tatsächlichen – meist unsichtbaren – Struktur in der Wirklichkeit oft nicht zu erkennen. Man versucht daher, die wichtigsten Wechselwirkungen herauszufinden und in einem Modell darzustellen. Dies kann, wie in unserem ersten Schaubild auf Seite 14, in einfacher graphischer Form geschehen oder aber auch mit komplizierten mehrdimensionalen Computermodellen wie etwa dem hier vorgeschlagenen Sensitivitätsmodell. Viele Vorgänge lassen sich so »mit dem Finger auf der Landkarte« nachvollziehen, ohne daß man dabei gleich Unheil anrichtet. Ganz ähnlich wie bei der Pilotenausbildung im Flugsimulator, beim Arzneimitteltest im Tierversuch oder der Entwicklung einer Karosserieform im Windkanal werden hier reale Abläufe simuliert. Und erst wenn sie im Modell funktionieren, wagt man damit in die ja meist noch kompliziertere Wirklichkeit zu gehen. Es ist an der Zeit, entsprechende Verfahren endlich auch bei der Gestaltung unserer Umwelt einzuführen.[53]

1. Die Input-Größen
   Zu ihnen gehört die Fülle der meist direkt durch den Menschen verursachten Einwirkungen auf das Gesamtsystem, wie Abfallmenge, Art der Verschmutzung von Wasser und Luft, landwirtschaftlicher Anbau, Errichtung von Kläranlagen, Abholzen von Wäldern, chemische Eingriffe in Ökosysteme, Beeinflussung des Konsumverhaltens durch Werbung, Erlaß von Verordnungen und so weiter.
2. Die Output-Größen
   Hierzu zählen diejenigen Wirkungen, die sich teils gewollt, teils unerwartet, in einem veränderten Bild unserer Umwelt äußern, wie die Wasserqualität, die Zahl bestimmter Fischarten, Krankentage pro Kopf der Bevölkerung, Erosion von Ackerflächen, Höhe des Grundwasserspiegels, Sozialstruktur sowie praktisch alle Bioindikatoren und Raumindikatoren wie Flechtenwachstum, Artenverteilung und so weiter.
3. Die »festen« Größen
   Zu ihnen gehören die mehr oder weniger konstanten Daten des Lebensraums, wie jährliche Niederschlagsmenge, geologische Struktur, Landschaftsformation, zur Verfügung stehende Flächen, Arbeitsstrukturen, Tabus, Moralvorstellungen und ähnliches. Es sind für einen längeren Zeitraum vorgegebene Rahmenbedingungen, sozusagen das jeweilige »Konditionsgitter«, in welchem sich die Wechselwirkungen zwischen den variablen Größen abspielen.

Man erkennt schon aus der Aufzählung, daß sich die Größen aller drei Gruppen mehr oder weniger überlappen können. Eine Unterscheidung zwischen Input-, Output- und festen Parametern ist immer nur vorläufig und muß jederzeit eine Korrektur zulassen. Sobald Rückkopplungen einbezogen werden, wird sich wahrscheinlich eine ganze Zahl von Input-Größen als Output-Größen entpuppen. In gewissem Sinne bestimmt hier der Ort des Einstiegs in das Regelkreissystem, welche Größen wir als Ursachen und welche wir als Wirkungen bezeichnen.

Ein Abfallbeseitigungsgesetz kann sowohl als vorgegebene Kondition betrachtet werden, als auch im Moment seiner Verabschiedung als Input-Größe oder gar – wenn es als Konsequenz eines Giftmüllskandals entstand – auch als Output-Größe. Dies muß auch so sein, andernfalls hätten wir mit dem angestrebten Modell kein sich selbst regelndes, über verschachtelte Regelkreise rückgekoppeltes System. Auch die Verschmutzung eines Flusses kann von einer Output- zur Input-Größe werden, wenn dadurch der Vogelbestand im umliegenden Gebiet zurückgeht, die Zahl von Insekten zunimmt, der Mensch aktiviert wird, diese Insekten mit Bioziden zu bekämpfen, diese wiederum in die Gewässer ausgeschwemmt werden und die Gewässerverschmutzung sich weiter erhöht (nun wieder als Output-Parameter).

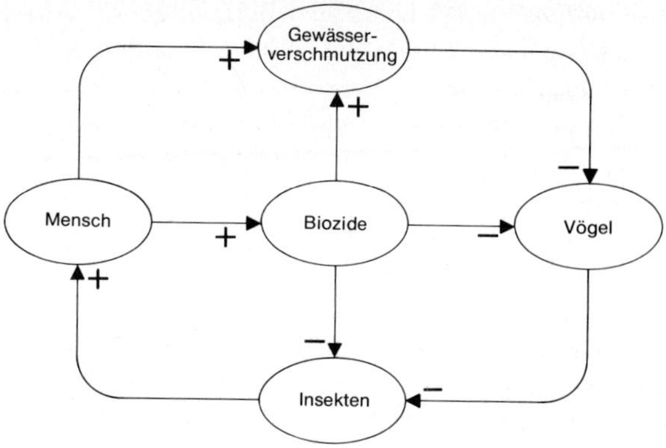

Ein und dieselben Bestandteile eines Systems können gleichzeitig sowohl Input- als auch Output-Größen sein

So kann eine Output-Größe über mehrere Zwischenstufen sogar gleichzeitig ihre eigene Input-Größe sein. Wenn schließlich noch – was ebenfalls möglich ist – eine Input-Größe als statischer oder regelmäßig in unverrückbarer Höhe eingehender Wert vorliegt, wird man sie nicht als Aktionsglied mit in das Modell hineinnehmen, sondern als vorgegebene Bedingung und damit als weiteren Punkt des Konditionsgitters, in dem das ökologische Geschehen abläuft.

Trotz dieser Austauschbarkeit all jener Größen sollte eine solche Einteilung möglichst frühzeitig vorgenommen werden. Sie erleichtert es herauszufinden, ob eine Größe überhaupt im ökologischen Sinne von Bedeutung ist.

Die wichtigste Erkenntnis dieser Betrachtungen ist aber, daß es offenbar weit weniger auf die Variablen selbst ankommt als auf die Beziehungen zwischen ihnen und daß bloße Input-Output-Analysen an der realen Vernetzung eines Systems vorbeigehen.

Die Vernetzung

Wie wir jetzt schon sehen, dürfen wir dabei nicht in einer einzigen Betrachtungsebene, in einem Lebensbereich stehenbleiben, etwa in demjenigen natürlicher Ökosysteme oder in dem der industriellen Wechselwirkungen, sondern müssen auch die Querbeziehungen zwischen diesen Bereichen aufführen.

So spielt die öffentliche Meinung zum Beispiel über das Konsumverhalten durchaus, wenn auch indirekt, bis in die Errichtung bestimmter Fabrikationsbetriebe hinein; in Form von Bürgerinitiativen sogar direkt – etwa wenn es um die Genehmigung für eine Müllverbrennungsanlage, ein Bleiwerk oder einen Flugplatz geht. Die öffentliche Meinung wiederum wird von der Öffentlichkeitsarbeit der Medien beeinflußt, was gleichzeitig eine neue wissenschaftliche Forschungsrichtung ankurbeln mag, durch die nun später wiederum den Behörden neue Daten zur Verfügung stehen, was seinerseits zu Maßnahmen auf dem Verkehrssektor führen kann, wodurch nunmehr wieder massiv die Siedlungsstruktur und später die Sozialstruktur beeinflußt werden und so weiter.

Solche in der Realität verflochtenen Lebens- und Denkbereiche werden jedoch meist nicht in ihrer natürlichen Vernetzung gesehen. Unsere üblichen an Fachdisziplinen orientierten Begriffsgebäude und die in entsprechende Fachressorts eingeteilten administrativen Strukturen präsentieren sie uns in künstlich getrennten Ausschnitten. Die einzelnen Dinge selbst sind zwar fein säuberlich nach Fach- und Lebensbereichen getrennt darin enthalten, die sie verbindenden Beziehungen jedoch zerschnitten und somit aus dem Gesichtskreis der Betrachtung verschwunden.[54]

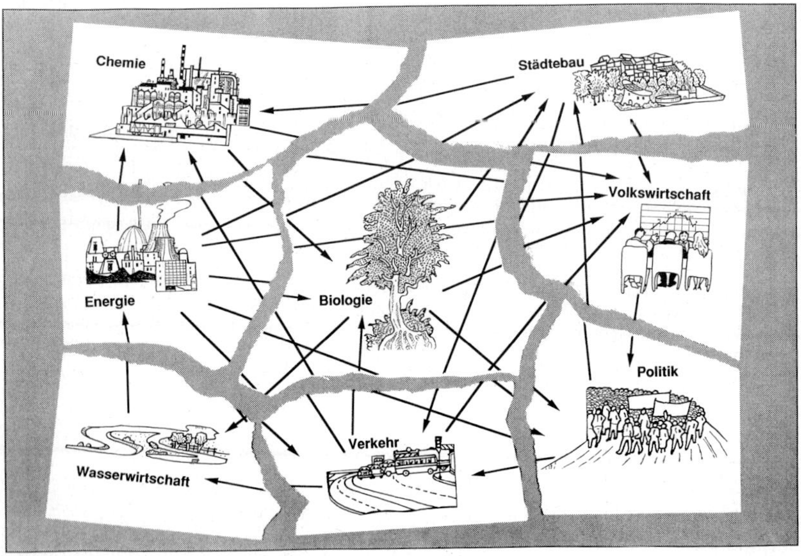

Natürliche Zusammenhänge werden durch künstliche Einteilung in Fachressorts durchtrennt

So finden wir den Bereich der technischen Entwicklung und seiner einzelnen Fachgebiete isoliert von demjenigen der Information und Meinungsbildung, und ebenso isoliert von der politischen Ebene, der kommerziellen Ebene, derjenigen des Naturschutzes und derjenigen von Produktion, Vermarktung, Verbrauch und Abfallbeseitigung. Doch Entscheidungen, die ausschließlich fachbezogen (Wissenschaft), ressortbezogen (Behörden) oder branchenbezogen (Wirtschaft) gefällt werden, lassen vielfach die schwerwiegendsten Fehler entstehen. Fehler, die bereits durch eine grobe Erfassung der durch alle diese Bereiche quer hindurchgehenden Vernetzung sich vermeiden ließen. Genau hier muß also unser Systemmodell helfen.

Wenn etwa die Entscheidung zu einem Kraftwerkbau überprüft werden soll, so muß das Modell dazu zwingen, über den engeren Gesichtskreis hinaus nicht nur die direkten Auswirkungen zu verfolgen, wie Rohstoffverbrauch, Luftverschmutzung und so weiter, sondern auch die mittelbaren Auswirkungen, wie sie auf unserer Graphik dargestellt sind.

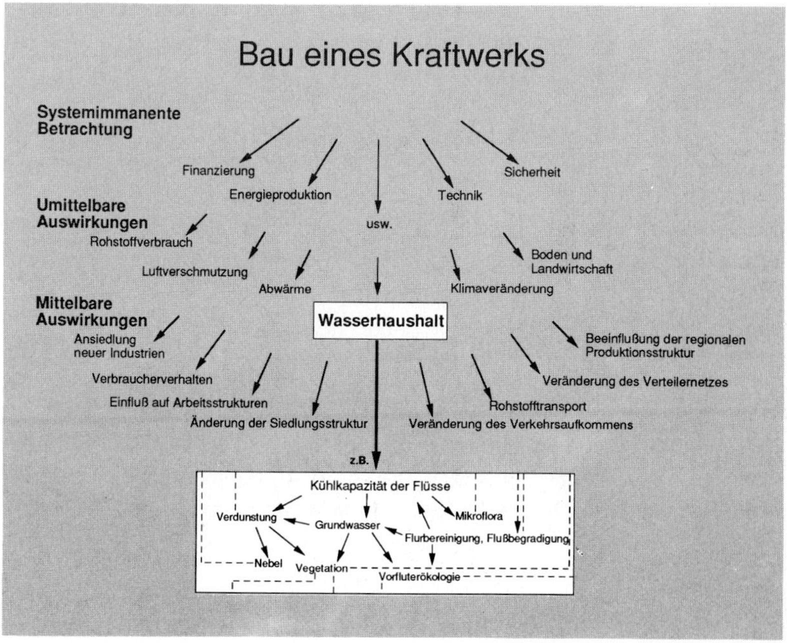

Direkte und indirekte Auswirkungen beim Bau eines Kraftwerks – allerdings noch ohne Beachtung der Rückwirkungen

Nun schrecken vielfach schon die bekannten Vernetzungen, wie sie in einer einzigen Betrachtungsebene, etwa der volkswirtschaftlichen, auftreten, durch ihre Kompliziertheit. Deshalb werden die tatsächlichen mehrdimensionalen Vernetzungen und damit auch Rückkopplungen wegen der Schwierigkeit ihrer logischen Erfassung nur selten dargestellt und kaum untersucht. Man begnügt sich lieber mit dem isolierten Studium darin enthaltener kleiner Ursache-Wirkungs-Schritte.

Da uns, wie schon erwähnt, der Weg einer bis ins letzte gehenden Detaillierung aller Einflußgrößen sowieso versagt ist* und wir in jedem Fall über eine bestimmte Stufe der Aufschlüsselung und Unvollkommenheit nicht hinauskommen, ist es gewiß lohnender, sich eine praktikable Stufe der Aufschlüsselung auszusuchen und mit weniger, aber sinnvoll zusammengefaßten Eingabedaten einen besonderen Schwerpunkt auf die Beziehungen *zwischen* diesen Größen zu legen: lieber einige Wechselwirkungen von wenigen Komponenten aufstellen, als zusätzliche Daten ohne Wechselwirkung berücksichtigen.

Damit führen wir eine kybernetische Betrachtungsweise ein, die statt systematisch nach Klasse und Merkmal einzuordnen, das Wesentliche des Datenmaterials erfaßt und in einer Weise verarbeitet, die »nach Beispiel programmiert« ist, auf Analogien basiert und Vergleiche erlaubt.[55] Ein Ansatz, der zukünftige Entwicklungsmöglicheiten in gänzlich anderer Weise mit einbezieht, als etwa bei der üblichen Extrapolation, dem Hochrechnen laufender Entwicklungen.[56]

Doch wie schränken wir das Datenmaterial ein? Man könnte sich wie bei vielen Modellen auf einen ganz bestimmten Bereich konzentrieren. Aber das wollen wir ja gerade vermeiden. Also muß man einen anderen Weg der Reduktion suchen. Entweder, indem man die Selektion der Daten nach anderen Kriterien – jedoch quer durch alle Bereiche – vornimmt, oder, indem man Kriterien findet, nach denen man Einzeldaten zu größeren Einheiten zusammenfassen kann, ohne daß die Gültigkeit der Aussagen darunter leidet – oder beides.

Versuchen wir daher einmal in Analogie zu einem sehr viel einfacheren Beispiel als einem Verdichtungsraum, nämlich aus der ökophysikalischen Berechnung der Populationsbewegung von Wasservogelarten,[57] die wesentlichen Bedingungen für einen praktikablen Ansatz herauszufinden.

* Der Versuch, mit einer solchen ins Extrem getriebenen Systemanalyse ökologisch sinnvolle Entscheidungshilfen zu bekommen, würde wahrscheinlich ähnlich scheitern, wie dies bisher bei der extrapolierenden Wettervorhersage der Fall war, die, wie schon gesagt, trotz der Vervielfachung des Datenmaterials durch Tausende automatischer Meßstationen bei einer über 24 Stunden hinausgehenden Prognose nach wie vor über statistische Zufallstreffer nicht hinauskommt.[58]

In der Tat läßt sich auch mit stark reduziertem Datenmaterial eine recht verläßliche Beschreibung eines Systems erreichen.[59] Das haben inzwischen viele ökophysikalische Studien auf den verschiedensten Ebenen gezeigt. Um zum Beispiel die komplizierte Vernetzung zwischen verschiedenen Wasservogelarten eines Ökosystems, ihren Konkurrenzkampf um gemeinsame Nahrungsquellen, die Abhängigkeit ihrer Vermehrung und ihrer Nahrungssuche von Temperatur, Feuchtigkeit, Trockenheit des Schlammes oder dem Verschwinden oder vermehrten Auftreten bestimmter Insekten-, Wurm- oder Schneckenarten, aber auch bakteriell bedingter Krankheiten und anderer Einflüsse, wie etwa der Jagd, mathematisch zu beschreiben, ist es keinesfalls nötig, sämtliche Werte aller beteiligten Faktoren zu erfassen.

Die organische Produktion① des Gewässers aus Pflanzen und Kleintieren wird zu 80 Prozent② durch Enten als Konsumenten in Form von Kot an Land verbracht③. Nur ein geringer Teil geht wieder ins Wasser④ und kehrt zusammen mit Schweb- und Sinkstoffen⑤ als Nährstoff in den Kreislauf zurück⑦ oder wird zu Faulschlamm⑧, der den Sauerstoffhaushalt des Gewässers nur wenig belastet

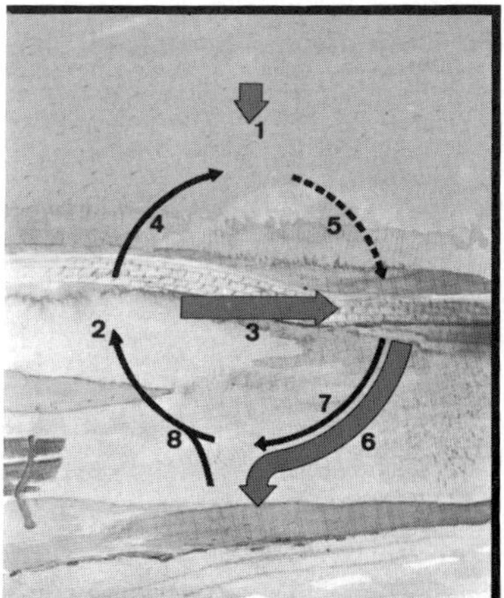

Bei Störungen durch Flurbereinigung, Uferverbauung und Jagd① werden die meisten Wasservögel vertrieben. Die organische Produktion② verbleibt nun ganz überwiegend als Sinkstoffe im Wasser③ und wird zu Faulschlamm⑥, der, wenn keine Sanierung erfolgt, das System alsbald zum »Umkippen« bringt. Nur weniges von der Biomasse wird durch einzelne Wasservögel an Land verbracht④ oder geht ins Wasser zurück⑤, wo es sich mit einem kleinen Teil der Sinkstoffe⑦ wieder schadlos in den Kreislauf einordnet⑧

Man muß nicht die Anzahl der Federn, Blutdruck- und Nierenfunktion der Enten, Schlammkorngröße, Bakterienarten und ihre Vermehrungsrate auf den Exkrementen, Größe und Anzahl der Pflanzen in dem Ufergebiet kennen. Und selbst wenn man diese einbezöge, wäre auch dieser Feinheitsgrad wieder willkürlich. Man könnte genauso gut noch alle chemischen Reaktionen bestimmen, ja bis in den atomaren Bereich hinuntergehen. Die Detaillierung hätte im Grunde nirgendwo ein Ende und die Möglichkeiten der Wechselwirkungen gingen bis ins Unendliche. Letzten Endes muß man immer irgendwo zwischen Atom und Weltall einen brauchbaren Komplexitätsgrad wählen, um ein System zu beschreiben.

In der Tat ist es also in solchen Ökosystemen durchaus möglich, auf einer weit gröberen Komplexitätsebene stehenzubleiben, mit der Detaillierung irgendwo Schluß zu machen und trotzdem ein gültiges und exaktes Gesamtbild zu erhalten. So genügt es, über mehrere Jahreszyklen hinweg lediglich die Bewegungen der Bevölkerungszahl der verschiedenen Entenarten zu verfolgen. Aus dem Vergleich der Dynamik dieses einzigen Parameters, nämlich der Entenzahlen, ergibt sich durch Kenntnis der unterschiedlichen Vernetzung der Arten untereinander wie auch mit der Umwelt dann indirekt auch ein ungefähres Bild von all den anderen, direkt gar nicht erfaßten Größen. Wenige Korrekturen an der Formel, im Feedback mit Stichproben realer Werte, und die Aussagen sind verläßlich. Die Ergebnisse der mathematischen Berechnungen eines solchen Entenmodells stimmten dann später auch voll und ganz mit den Erfahrungswerten in der Natur überein.[57]

Zwei Dinge können wir hieraus lernen:

1. Man kann unter Umständen schon aus wenigen relevanten Daten erfahren, wie ein System funktioniert, wie es sich im Gleichgewicht hält oder sich durch Störfaktoren verlagert, wenn man nur die wesentlichen Vernetzungen in diesem System kennt.
2. Dies ist offenbar nur dadurch zu erklären, daß die Faktoren auch viel detaillierterer Ebenen und deren Wechselwirkungen in der Grobstruktur einer höheren Ebene automatisch enthalten sind (implizites Grob-Raster). Eine Tatsache, die zum Teil in der Mathematik der Gruppentheorie begründet ist.

Für den Nachweis, daß hochkomplexe Systeme in der Tat mit wenigen Ordnungsparametern zutreffend beschrieben werden können, hat übrigens inzwischen der lange verkannte »Vater der Synergetik«, Hermann Haken, 1989 die Max-Planck-Medaille erhalten.[59]

Die Frage, die uns jetzt noch betrifft, ist also nicht mehr, *ob* man aus Einzelelementen größere Einheiten bilden kann, sondern wie man herausbekommt, *was* in einem Verdichtungsraum zu solchen übergeordneten Einheiten zusammengefaßt werden kann, was sozusagen einer einzelnen Entenart entspricht.

Um dies festzustellen, gehen wir noch einmal zur einzelnen Ente zurück. Wodurch ist sie selbst bereits ein Individuum, obgleich sie aus vielen Organen, aus Federn, aus Milliarden einzelner Zellen besteht? Welches ist der Grund dafür, daß bei einer Ente, wenn man sie an einer bestimmten Stelle anstößt, nicht nur diese Stelle umfällt, sondern die gesamte Ente?

Das Kriterium dafür ist unzweifelhaft, daß die beim Anstoßen einwirkende Energie durch das zusammenhängende Zellgewebe sofort auf die gesamte Ente übertragen wird. Gehen wir von der Einzelente zur Population, zur Entenart, so ist es der Informationsaustausch, der Reproduktionszyklus, das gemeinsame Nahrungsnetz, also auch hier wieder ein bestimmter Grad an Kommunikationsfluß zwischen den einzelnen Elementen, der uns bereits viele ganze Enten zu einem »Blockindividuum« zusammenfassen läßt.

Übrigens ist damit auch die einzelne »ganze Ente« schon eine etwas größere Einheit als vorher. Denn nun werden nicht nur ihre inneren, sondern auch die äußeren Beziehungen mit erfaßt: ihre Wechselwirkung mit den Würmern und Schnecken, die sie frißt, ihrem Kot, dem dadurch gedüngten Boden, seinen Pflanzen und seiner Feuchtigkeit, kurz: Das Einzelelement ist eine Ente plus ihre Wechselwirkung mit dem Biotop, in dem sie lebt.

Da man nun sowohl eine ganze Entenpopulation als Einzelsystem betrachten kann – oder gar die Konsumenten einer ganzen Uferzone – als auch eine einzelne Ente oder eine einzelne Hautzelle einer solchen Ente, gibt es offenbar auf jeder Stufe bestimmte Einzelelemente, die man zu einer übergeordneten Größe, zu einem neuen Blockindividuum zusammenfassen kann, wenn man nur das richtige Kriterium wählt, mit dem man die zusammengehörigen Elemente oder Faktoren erkennen kann. *Ein* solches Kriterium – vielleicht sogar das wichtigste – scheint jedenfalls die Höhe des spontanen Stoff-, Energie- und Informationsaustauschs zwischen Einzelelementen zu sein, was man etwa mit »kybernetischem Fluß« bezeichnen könnte. An den Grenzen eines Einzelsystems sinkt dieser Fluß logischerweise auf ein Minimum, so daß man die Grenzlinie gegenüber anderen oder übergeordneten Systemen im Prinzip entlang der Minima bereichsüberschreitender Flüsse ziehen kann.

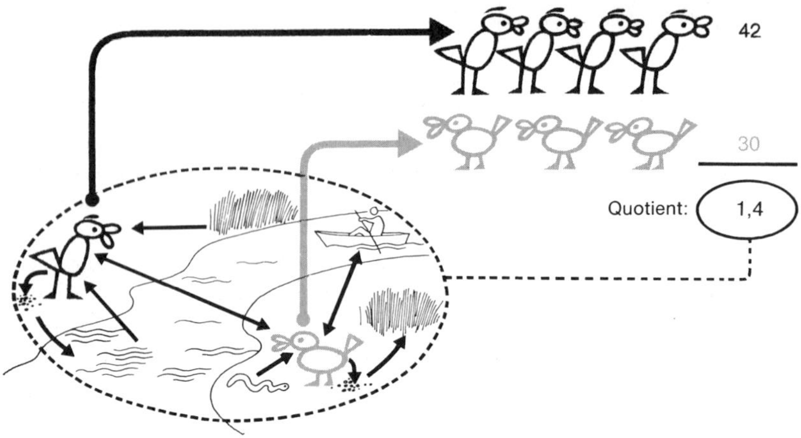

Gewinnung einer Indikatorgröße. Manche Größen oder Relationen (wie hier das Zahlenverhältnis zweier Entenarten) enthalten oft das Ergebnis der Wechselwirkungen vieler gar nicht erhobener Einzeldaten; diese sind dann – zumindest in ihrer wesentlichen Aussage für das System – automatisch miterfaßt. Solche Größen stehen also stellvertretend für andere.

Nun erkennen wir natürlich eine Ente sofort als Individuum und auch noch eine Entenpopulation als »Blockindividuum«. Anders ist dies mit den von uns geschaffenen künstlichen Systemen und den in ihnen enthaltenen Größen, deren »kybernetischer Fluß« sich nicht ohne weiteres so sichtbar ausdrückt. Übergeordnete gemeinsame Größen, also Blockindividuen, können hier deshalb oft erst durch die Art der Vernetzung herausgefunden werden. Um so wichtiger ist es also, verläßliche Kriterien dieser Vernetzungsart zu entwickeln, nach denen eine handliche, halbwegs überschaubare Grobstruktur durch die Wahl der richtigen Blockindividuen gebildet werden kann.

Wendet man ein solches Verfahren an, so ergeben sich vermutlich auch vielfach andere Zustandsgrößen, als sie bisher in vielen Fällen als »übergeordnete« Einheit betrachtet und eingesetzt werden. (Ähnlich wie bei der Mengenlehre, wo durch die Wahl eines neuen Kriteriums plötzlich ganz andere Einzelelemente zu einer Menge zusammengefaßt werden.)

Diese Möglichkeit unterschiedlicher Zusammenschlüsse betrifft auch unser Simulationsmodell. So könnte man zum Beispiel den Energiebereich einmal nach der *Größe* der Betriebsanlagen einteilen, also auf der einen Seite alle Hausbrandanlagen unabhängig vom Brennstoff zusammenfassen und auf der anderen Seite alle Kraftwerke inklusive der Wasserkraftwerke. Man könnte aber auch nach Art der erzeugten Energie*form* (Strom, Wärme, chemische Energie) oder, wieder anders, nach Art des verwendeten *Rohstoffs* einteilen, das heißt unabhängig von der Größe des Energieerzeugers vom Gartengrill bis zum Kraftwerk alles zusammenfassen, was mit *Kohle* arbeitet und dem all das gegenüberstellen, was mit *Öl* arbeitet, vom Kraftwerk über die Diesellok bis zur Petroleumlampe.

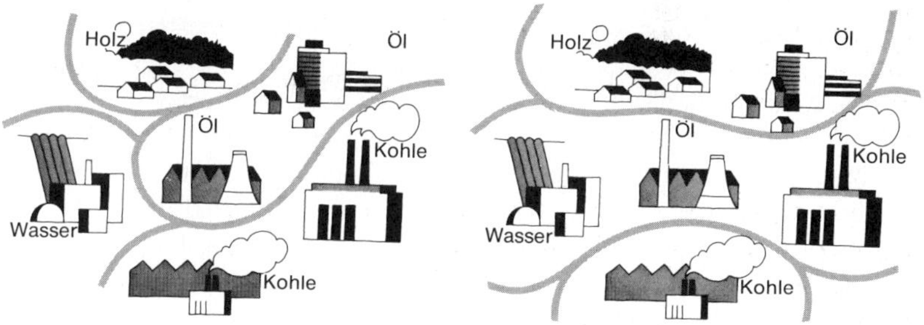

Bildung unterschiedlicher Grobstrukturen im Energiebereich. Links: Nach Art des Rohstoffs, unabhängig von der Größe. Rechts: Nach Größe der Betriebsanlage, unabhängig vom Rohstoff

Die Struktur der aus Einzelgrößen zusammengesetzten Blockindividuen und damit der Typ und die Komplexität der Vernetzung sind also vor allem abhängig von der Art der Einwirkung (und damit von der Fragestellung an das Modell). Soll zum Beispiel die Bevölkerung über die Schädlichkeit eines bestimmten Produktes aufgeklärt werden (Informationsänderung), so wird dies in einem bestimmten Bereich das Konsumverhalten beeinflussen und anders zusammengesetzte Blockindividuen verlangen als etwa die Frage nach der Umwandlung einer Grünfläche in ein Baugebiet (Funktionsänderung), obwohl auch von hier aus, vielleicht über viele Zwischenstufen, wieder Rückwirkungen auf das Konsumverhalten bestehen.

Daneben ist die Grobstruktur und der Vernetzungstyp aber auch abhängig von der *Stärke* der zu untersuchenden Wirkung. Solange eine geringe Verteuerung eines speziellen Rohstoffs noch innerhalb der davon betroffenen Zulieferungsindustrie aufgefangen wird, werden die Produktionskosten der Nachfolgeindustrien nicht davon beeinflußt. Sobald bestimmte Schwellenwerte überschritten werden, werden dagegen auch andere Firmenbranchen (das heißt Elemente anderer Grobindividuen, zu denen nur ein schwächerer kybernetischer Fluß besteht) in das Geschehen einbezogen und in gleicher Weise reagieren. In diesem Falle wird man vielleicht sogar mehrere Blockindividuen zu einem Superindividuum zusammenfassen können.

Nicht abhängig dagegen scheint die Art der Grobstruktur von *Richtung* und *Verlauf* der Einwirkung zu sein, die, ganz gleich von welchem Ansatzpunkt aus, ja immer über die gleichen verschachtelten Regelkreise erfolgt.

Eine wichtige Forschungsaufgabe bei der Entwicklung eines brauchbaren Simulationsmodells wird daher die Aufstellung und Untersuchung geeigneter Kriterien zur Bildung von Grobstrukturen sein und deren je nach Art der Fragestellung modifizierter Einsatz – wobei der Begriff des »kybernetischen Flusses« hier zunächst noch als Hilfsvorstellung dient.

In jedem Fall wird man diese Kriterien so ausrichten müssen, daß das anzustrebende Modell zwar in seiner Grobstruktur unterschiedlich aufgeschlüsselt werden kann, sozusagen mit verschiedenen Rastern von Blockindividuen bedeckt werden kann, jedoch immer die Gesamtvielfalt aller Lebensbereiche enthält; also niemals nur die technologische Ebene allein oder diejenige des Wasser- oder Energiehaushalts oder der Sozial- oder Verhaltensstruktur allein.

Gleichzeitig ergibt sich durch die Ebenen verschieden aufgeschlüsselter Grobstrukturen hindurch die Möglichkeit, in einer Art von Stichproben tiefe Sonden bis in Einzeldaten spezieller Bereiche hineinzustecken und die Gültigkeit des Modells an empirischen Fakten jederzeit zu überprüfen – vor allem wenn man prophylaktische und therapeutische Maßnahmen in *Policy-Tests* simulieren oder das Wirkungsspektrum von Präventivlösungen durchspielen will.

Freie Wahl verschiedener Komplexitätsebenen

So wird sich vielfach ein Kompromiß zwischen Detaillierung und Übersichtlichkeit, das heißt zwischen gerade noch nötiger Aufschlüsselung und gerade noch vertretbarer Grobstruktur ergeben. Aus diesem Grunde ist es wichtig, sich mit dem Modell zwischen Ebenen verschieden hoher Komplexität frei bewegen zu können. Auf der obersten Ebene werden die nach kyberne-

Vom Nutzen der Mathematisierung

Je komplizierter, vernetzter und dadurch in seinen Rückwirkungen nicht mehr direkt durchschaubar eine Sache wird, desto eher kann uns eine Umwandlung der Wechselwirkungen der beteiligten Größen in mathematische Form eine Hilfe sein.
Anstatt Tausende von Abbildungen in Art eines fortlaufenden Films übereinanderzulegen, anstelle seitenlanger Zahlentabellen genügt oft eine einzige mathematische Funktion, aus der man, setzt man die entsprechenden »Fragewerte« ein, die gewünschte Antwort erhält.
Der Nutzen einer solchen Mathematisierung ist also vor allem eine starke Vereinfachung. Dies gilt nicht nur für die Physik und die Technik, sondern im besonderen Maße auch für die Ökosystemforschung.[60]
Auch bei dem hier angeführten Entenmodell gelang es, die Zusammenhänge der vielfältigen Umwelteinflüsse mit den zu erwartenden Entenzahlen durch einfache Formeln auszudrücken und die ökologischen Strukturen in exakter Form zu erfassen und zukünftige Entwicklungen abzuschätzen, die auch nachher mit den Erfahrungswerten voll übereinstimmen.

Hunderte von Daten über Ort (x), Zeit (t) und Art (i) der Entenzählung (n) sowie die artbezogenen ökologischen Grundbedingungen des Lebensraumes (Ai), verfügbares Nahrungsangebot (K) und die statistischen Störgrößen (F) durch Wetter, Feuchtigkeit, Jagd und so weiter lassen sich so zum Beispiel in den Rahmen einer einfachen Formel einsetzen:

$$ni\,(x, t) = Ki\,(x, t) \cdot Ai\,(x, t) + Fi\,(x, t)$$

und mit einer einzigen Eingabe über entsprechende Zahlenkolonnen schon in einfachen Computern behandeln.[57]

Je nach dem Anspruch, den man an die Aussage eines solchen Modells stellt, kann man, wie im obigen Fall, mit einer einfachen algebraischen Gleichung beginnen und, je dynamischer das Modell betrachtet werden soll, schließlich zu Differentialgleichungen übergehen, mit denen man auch zeitliche Veränderungen und sich überlappende Verzögerungen mit einbeziehen kann.[61]
Das wird vor allem interessant, wenn wir die Wirklichkeit nicht mehr in einer zweidimensionalen Skizze, sondern auch noch in räumlichen und zeitlichen Dimensionen verfolgen müssen und natürlich auch, wenn wir sie gleichzeitig von verschiedenen Ebenen aus, also im mathematischen Sinne vieldimensional betrachten wollen.[62]
Die Angst vor mathematischer Behandlung und mehrdimensionalen Modellen darf man also getrost fallenlassen, da beide nur abstrakte Behälter sind, in denen die komplizierte Wirklichkeit lediglich platzsparend und vorübergehend aufgehoben wird. Denn man kann jederzeit aus einer mathematischen Formel mit konkreten Fragen und Lösungen in die Wirklichkeit zurücksteigen – dies sollte man allerdings nie vergessen.

tischen Kriterien zusammengefaßten Blockindividuen natürlich auch wieder zu ähnlichen Begriffen führen, wie sie unter Lebensqualität, Volksgesundheit, Diversität, Leistung des Naturhaushaltes und anderen bekannt sind. Durch die neuartige Auswahl der in ihnen enthaltenen Elemente mögen sie jedoch unter Umständen eine ganz neu zu definierende Bedeutung erhalten.

Natürlich muß der bearbeitete Lebensraum bei aller internen Vernetzung – ähnlich wie unsere »erweiterte« Ente – immer als offenes System betrachtet werden: mit einer gewissen Außenbilanz, was Rohstoffe, Energie, Abfälle, Wirtschaftsbeziehungen und so weiter betrifft. Dies wird keineswegs die Gültigkeit der innerhalb des Systems stattfindenden Regulationsvorgänge beeinträchtigen, da ja auch dieses System bereits durch mehrere Ebenen steigender Komplexität hindurch aus verschachtelten Subsystemen aufgebaut ist. Wir haben ja schon erfahren, daß einer der Vorteile einer biokybernetischen Betrachtung gerade darin liegt, daß es vor allem die Selbstregulation der Untereinheiten in den sich selbst regulierenden Systemen ist, die wiederum das Überleben des größeren Systems und somit auch des Gesamtsystems garantiert.

Damit dürfte es möglich sein, sich ohne Schmälerung der Aussage sowohl auf einen definierten Raum zu beschränken als auch letztlich willkürlich den Grad der Detaillierung beziehungsweise Grobstruktur zu wählen, der überhaupt eine für den jeweiligen Fall sinnvolle Aussage erlaubt – und damit für den Anwender eine brauchbare Entscheidungshilfe.

Unsere erste Forderung nach weitgehender Berücksichtigung der realen kybernetischen Vernetzung wäre damit wohl erfüllt. Die drei noch nicht besprochenen Ansprüche an unser Modell: sein Charakter als verständliches Arbeitsinstrument, seine Nutzung für die unterschiedlichen Zielgruppen und seine Übertragbarkeit auf andere Räume ergeben sich fast zwangsläufig aus diesem ersten Punkt. Auf sie wird in den folgenden Kapiteln noch näher eingegangen werden.

Ein »sensitives« Modell

So wird man bald erkennen, daß sich die vernetzten Einfluß- und Zustandsgrößen in einer unterschiedlichen Empfindlichkeit innerhalb des gesamtökologischen Geschehens offenbaren. Manche werden sich als aktive Elemente entpuppen, die selbst kaum beeinflußt werden, aber andere Größen stark beeinflussen. Andere wieder als reaktive (passive) Größen, die sich bei dem geringsten Anstoß stark verändern; wieder andere als puffernde, die ausgleichen, unempfindlich oder träge sind und viel auffangen können, und schließlich solche, die man als kritische Elemente bezeichnen könnte, weil sie in gefährlicher Weise auf die kleinste Änderung reagieren und dabei selbst wieder stark eingreifen, was natürlich in der Rückwirkung einen zunächst winzigen Effekt gewaltig aufschaukeln kann; Elemente also, von denen man besser die Finger läßt (vergleiche den »Papiercomputer« Seite 142ff.). Mit weiterer Entwicklung des Modells werden dann die unterschiedlichen zeitlichen Verzögerungen das Bild überlagern und genauere Abschätzungen der jeweils zu erwartenden Entwicklungen und Auswirkungen vor allem für den planerischen Bereich erlauben.

Die hier charakterisierte Empfindlichkeit für besondere Wirkungs-Eigenschaften der eingespeicherten Größen gab den Anstoß, dem zu entwickelnden Verfahren den Namen »Sensitivitätsmodell« zu geben.[3]

6

Autor und Mitarbeiter bei der Besprechung eines Wirkungsgefüges

Der Aufbau eines Sensitivitätsmodells[3]

Zur Art des Vorgehens

Wenn man die Entwicklung eines kybernetischen Modells in der Praxis angehen will, so ist es sicher folgerichtig, wenn man dazu die Erkenntnisse der kybernetischen Denkweise bereits in die Arbeitsweise selbst mit einbezieht. Die Vorteile sind offensichtlich:

- Forschungsprojekte können entscheidend rationalisiert und weitaus effizienter durchgezogen werden, wenn die hier ja schon von der Sache her gebotene Vernetzung auch im Arbeitsablauf, zum Beispiel durch Netzwerkplanung, praktiziert wird. (In diesem Fall wäre zum Beispiel eine modifizierte PERT-Planung durchaus praktikabel, wie sie selbst in Projekten der Grundlagenforschung eingesetzt werden kann.[63])
- Dadurch kann an verschiedenen Stellen des Vorhabens gleichzeitig ange-

setzt werden, und Vorarbeiten werden nicht erst dann begonnen, wenn man eigentlich schon ihr Ergebnis braucht.

- Die einzelnen Bearbeiter sehen durch die sichtbar dargestellten Verknüpfungen ihre momentane Aufgabe ständig im Gesamtzusammenhang. So entsteht zwischen allen Teilen des Projekts ein inneres Feedback, welches die Richtung des weiteren Vorgehens laufend kontrolliert.
- Versucht man, schon während der Arbeit alle Aussagen sinnvoll darzustellen und durch Beispiele und Analogien zu veranschaulichen und durchsichtig zu machen, funktioniert auch die nötige Kommunikation zwischen den verschiedenen Fachbereichen und Denkebenen weitaus besser.
- Logische Fehler – durch akademische und fachspezifische Formulierungen mit ihrer scheinbaren Exaktheit oft verdeckt – können durch den Zwang zur klaren und einfachen Darstellung des Inhalts leichter erkannt und korrigiert werden.
- Auch Mißverständnisse, Sackgassen, Trivialitäten und Unwesentliches werden als solche eher erkannt, und die Bemühungen gehen nicht wie so oft am eigentlichen Ziel vorbei.
- Damit wäre unsere zweite Grundforderung angesprochen: Das Ergebnis läßt sich von vornherein besser in die Praxis umsetzen. Der Flaschenhals der Verständlichkeit und Einsichtigkeit verschwindet. Er kann bekanntlich die Anwendung einer noch so hervorragenden Facharbeit völlig blockieren. Diesem Schicksal unterliegen Tausende irgendwo aufgestapelter Studien, deren Anfertigung man sich allein aus diesem Grunde hätte sparen können.
- All dies zeigt, daß es nur zum Nutzen der Sache sein kann, wenn auf eine vernetzte Vorgehensweise und damit auf die Art, *wie* man forscht, der gleiche Wert gelegt wird wie auf den Gegenstand der Forschung selbst, und weiterhin, wenn der didaktischen *Aufbereitung* des Inhalts eine ebensolche Bedeutung zugemessen wird wie dem Inhalt selbst.

Soviel zu den Möglichkeiten, wie man den für die Umwelt proklamierten biokybernetischen Ansatz auch in die Organisation eines solchen Vorhabens und damit unweigerlich auch in das Endprodukt hineinnehmen kann. Das Prinzip vernetzter Regelkreise wird auf diese Weise – durchaus im Sinne seiner eigentlichen Aussage – von denen, die darüber reden, auch gleich selber praktiziert.

Aus dem »Entenmodell« ging hervor, daß auch komplexe Systeme einfach dargestellt werden können und man nicht in einer Datenfülle zu ersticken braucht. Für die dazu nötige Schrumpfung (Aggregation) läßt sich ein Kunstgriff anwenden, bei dem durch eine Art umgekehrter Sichtlochkartei die Reduktion eines zunächst umfangreichen Datensatzes auf die erforderlichen Schlüsseldaten kontrollierend begleitet wird, so daß er möglichst wenig von seinem anfänglichen Gehalt verliert.

Wie geht man nun an den Aufbau eines solchen Sensitivitätsmodells heran? Eine wichtige Voraussetzung, daß die Aussage des zunächst als Grobraster herzustellenden Wirkungsgefüges funktioniert, ist, daß die erfaßten Einflußgrößen, mögen sie noch so lückenhaft sein, einen *systemrelevanten Variablensatz* darstellen. Mit dieser Auflage sind wir natürlich schon mitten in den speziellen kybernetischen Anforderungen an unser Instrumentarium. Denn als erstes wird sich jeder sofort fragen, wie er überhaupt wissen kann, ob er mit seiner aus einem umfangreichen Datenangebot getroffenen Auswahl die richtigen Variablen hat.

Hierzu wurde als Hilfsmittel eine kybernetische Kriterienmatrix entwikkelt, die so angelegt ist, daß der Variablensatz unter anderem immer die sieben wichtigsten Systembereiche und als achtes Kriterium die äußeren Randbedingungen miteinbezieht:

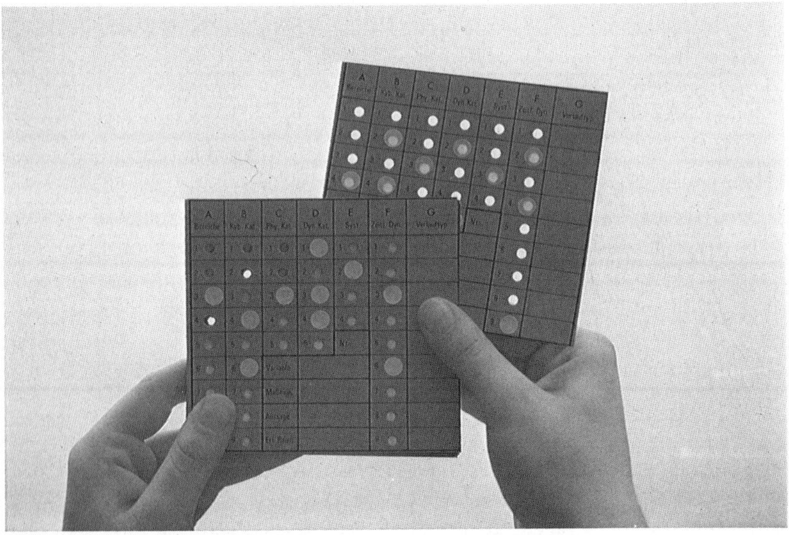

Eine Sichtlochmatrix

1. *Wirtschaft*
   Industrie, Land- und Forstwirtschaft, Rohstoffe und Energie, Dienstleistung, Kapital, Arbeitsplätze, Banken, Versicherungen
2. *Bevölkerung*
   Geburten- und Sterberate, Altersstruktur, Dynamik und Wanderung, Arbeitskräfte
3. *Flächennutzung*
   Verkehrsflächen, Siedlungen, Gewerbe- und Industrieflächen, land- und forstwirtschaftliche Flächen, Brachland, Feuchtgebiete, Biotope, Abfalldeponien
4. *Humanökologie*
   Lebensqualität, Gesundheit, Wohlbefinden, Handlungsspielraum, Selbstverwirklichung, Zusammenleben, Sicherheit, Fürsorge, Bildung, Information
5. *Naturhaushalt*
   Luft/Wasser/Boden/Lebewelt, Ökologie, Regenerationsleistung, Sanierung, Selbstregulation
6. *Infrastruktur*
   Verkehrswege und -logistik, Tourismus, Kommunikation, Medien, Ent- und Versorgung
7. *Gemeinwesen*
   Regionaler und kommunaler Haushalt, Steuern, öffentliche Maßnahmen und Leistungen, Gesetze, Verordnungen, politische Entscheidungsgremien
8. *Äußere Randbedingungen*
   Klima, Orographie et cetera

Die komplette Kriterienmatrix sorgt jedoch nicht nur dafür, daß der Variablensatz diese acht Einflußbereiche des Systems abdeckt, sondern auch die drei physikalischen Grundkategorien *Materie, Energie* und *Information,* weiterhin die dynamischen Kategorien (*Struktur* und *Fluß*) sowie die wichtigsten Systembeziehungen (wie *Vernetzungsgrad, Input/Output-Verhältnis, Diversitätsgrad, Irreversibilitäten* und so weiter). Durch eine Sichtlochprüfung läßt sich dann jeder noch so umfangreiche Datensatz schnell auf ein Minimum an relevanten Indikatordaten reduzieren. Auf diese Weise kann zum Beispiel bereits aus minimal 14 Schlüsselindikatoren ein erstes Wirkungsgefüge der zu untersuchenden Region aufgebaut werden, welches dem Planer bereits eine ganz neue Sicht gibt, was die Einflußgrößen seines Systems betrifft.

Die Liste der Variablen allein ist für das Sensitivitätsmodell allerdings noch völlig uninteressant. Erst durch deren gegenseitige, oft über mehrere

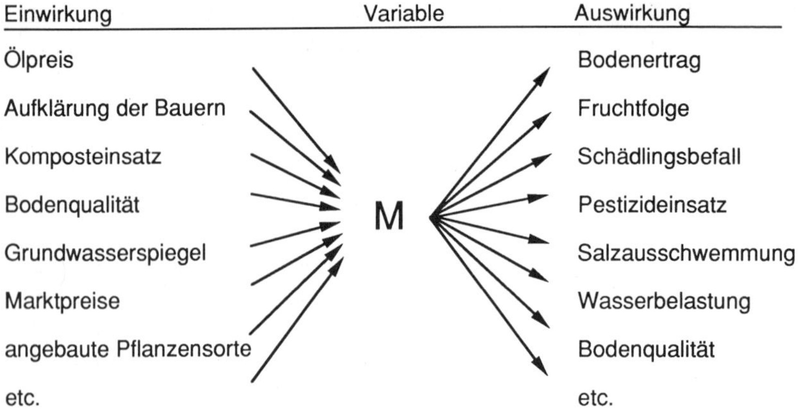

Beispiel für eine qualitative Sammlung der Wechselwirkungen der Variablen »Mineraldüngung« (M)

Ecken verlaufende Wechselwirkungen erlangt sie Bedeutung. Es werden daher zunächst in einem Zwischenschritt für jede Variable alle auf sie einwirkenden und alle von ihr ausstrahlenden Einflüsse in ihrer Qualität und – soweit möglich – in ihrer Stärke und Dynamik ermittelt.

So könnte zum Beispiel die qualitative Sammlung der Wechselwirkungen der Variablen »Mineraldüngung« (= M) aussehen, wie oben dargestellt.

Die dabei festgestellten Wirkungen können sehr verschiedener Art sein: Energieübertragung, Wärmeabgabe, Informationsübermittlung, finanzielle Einflüsse und Abhängigkeiten, Beeinflussung der Gesetzgeber oder der Verbraucher, Produktions- und Dienstleistungsvorgänge und vieles andere.

Auch dieser Arbeitsabschnitt ist sehr umfangreich und von großer Bedeutung für die spätere Qualität des Modells. Hier kommen im großen Umfang auch bereits vorhandene konventionelle Untersuchungen zum Tragen.

Der nächste Schritt besteht dann in der Aufstellung der Beziehungen zwischen den Variablen und damit eines Wirkungsgefüges, das von drei Seiten her kontrolliert wird:

1. aus der historischen Datenentwicklung und Abhängigkeit,
2. aus der wissenschaftlichen und planerischen Fachkenntnis von Zusammenhängen und
3. aus Begehungen und Befragungen am Ort.

Letzteres nach einem entsprechend der Kriterienmatrix gegliederten Fragebogen, der zunächst einmal auf einem »heuristischen«, also vorläufig als richtig angenommenen Wirkungsnetz basiert. Hierbei werden von vorneherein nicht nur lineare, sondern auch nichtlineare Beziehungen und solche höherer Ordnung in Form von Tabellenfunktionen aufgestellt.

Simulation, Interpretation und Bewertung

Die *Simulation,* also das dynamische Durchspielen eines so entwickelten Wirkungsgefüges – sei es, daß dieses in Form eines Causal-Loop-Diagramms oder eines System-Dynamics-Modells vorliegt –, hat nun in einem Sensitivitätsmodell ganz andere Aufgaben als etwa bei den Modellen von Forrester.[33] Die Simulation dient nicht dazu, das Modell nun als geschlossene »Maschine« laufen zu lassen und auf der Basis verschiedener Ausgangswerte die nächsten 50 Jahre zu prognostizieren, sondern die Dynamik des Systems wird lediglich angetippt, um sie dann sofort auf einer höheren Ebene mit fünf übergeordneten sogenannten *Interpretations*modellen kybernetisch interpretieren zu können. Die daraus ermittelten Angaben über positive und negative Rückkopplungen, puffernde, aktive und kritische Elemente (mit Hilfe des im folgenden Kapitel beschriebenen »Papiercomputers«) sowie über Vernetzungsgrad und Input/Output-Verhältnisse werden in weiteren Teilmodellen über die Wirkung von Diversität, Dependenz und Durchfluß zu höheren Kriterien kombiniert.

Schon damit haben wir ein mit den konventionellen Methoden kaum erfaßbares Material zusammen, das nunmehr für eine biokybernetische *Bewertung* des untersuchten Systems geeignet ist. Diese erfolgt nun mit wiederum fünf Bewertungsmodellen, zum Teil mit Hilfe von Checklisten, Matrizen und Wirkungsgefügen, zum Teil durch Computerläufe, im Hinblick auf die kybernetische Reife des Systems, seine Stabilität (Robustheit gegen Störungen) und seine Flexibilität (Anpassungsfähigkeit an Neuentwicklungen). Weiterhin kann so die Wirkung der Systemteile auf die energetische Effizienz des Systems, die Systembelastung und ihre Risiken erfaßt werden, wie sie zum Teil schon durch das Zusammenwirken der Interpretationsmodelle zustande kamen. So ergibt sich zum Beispiel die Bewertung der Selbstregulationstendenz aus der Wechselwirkung zwischen Diversität, Vernetzungsgrad und Rückkopplung.[3]

Natürlich braucht man für jede Bewertung eine höhere Instanz, an der man sich orientiert. Grundlage für unsere Systembewertung sind hierzu drei Quellen:

1. Mathematische Systemgesetze (Beispiel: Optimierung des Vernetzungsgrades, Katastrophenmodelle).

Ablaufdiagramm des Sensitivitätsmodells

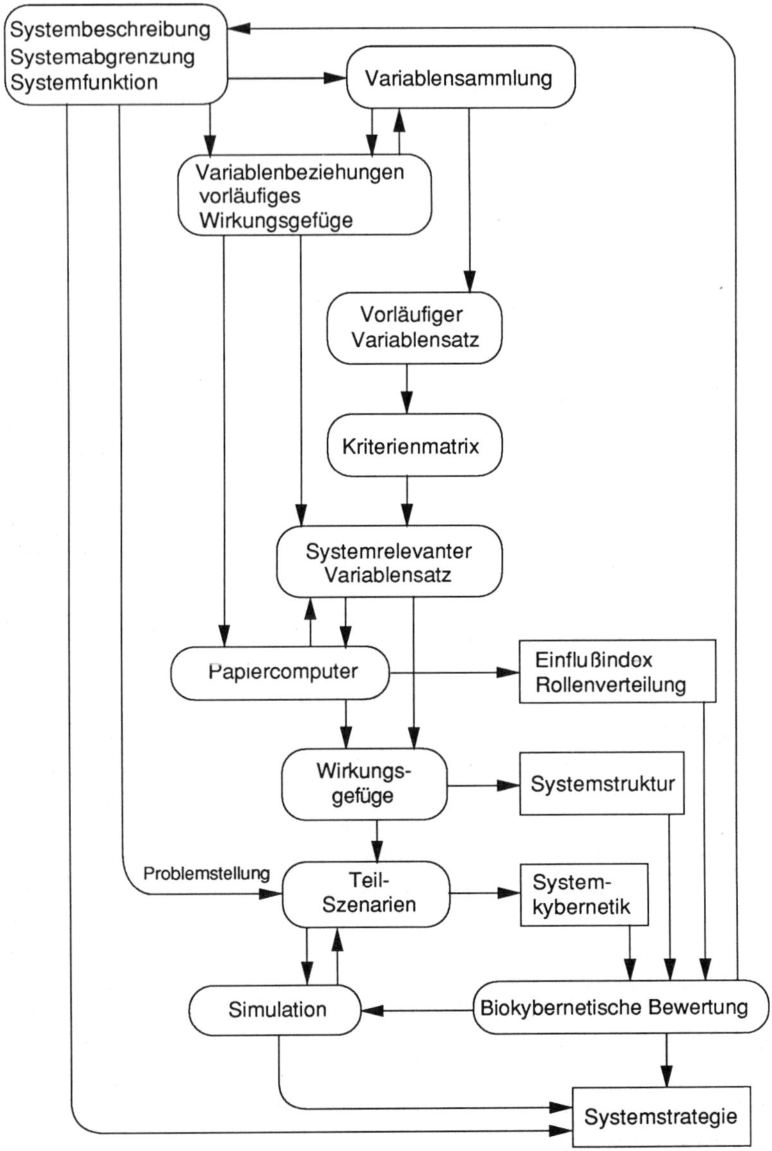

2. Thermodynamische Systemgesetze (Beispiel: Aussage irreversibler Abläufe, Hysterese-Erscheinungen, Umkipp-Effekte).
3. Biokybernetische Gesetzmäßigkeiten, wie ich sie in den acht Grundregeln überlebensfähiger Systeme zusammengefaßt habe.

Neuartige Strategiehinweise

Auf dieser Bewertungsebene baut sich dann als letzte Ebene diejenige der Strategie auf, die sich an dem Modellziel einer optimalen Vereinbarung von Überlebensfähigkeit des humanökologischen Systems mit dessen Entwicklungsfähigkeit und der materiellen, gesundheitlichen und sozialen Lebensqualität orientieren kann.

Es ist klar, daß sich durch diesen Aufbau eine völlig andere Art von Hinweisen und Entscheidungshilfen aus der Strategieebene ergeben, als sie von Planungsmodellen normalerweise kommen können. Auf diese Weise erfährt man zum Beispiel, wie weit ein System von einem Gleichgewicht entfernt ist, welche Faktoren es irreversibel auf einen bestimmten Zustand zusteuern lassen, ob und wie es äußere Störungen abpuffern kann oder darauf mit starken periodischen Schwingungen reagiert (wie ein Auto beim Schleudern) oder ob es sich gar neu strukturiert, also einen Evolutionsschritt in Richtung eines neuen Gleichgewichts unternimmt und wie der vielleicht zu unterstützen ist.

Hervorzuheben ist, daß praktisch jeder Strategiehinweis, wie etwa derjenige, in einem bestimmten Regelkreis für die Einführung eines weiteren Stellgliedes zu sorgen, meist durch ein ganzes Bündel von Maßnahmen (Operatoren) ermöglicht wird, die man nunmehr nach weiteren, mehr praktischen Kriterien, etwa solchen der politischen oder wirtschaftlichen Möglichkeiten oder je nach der Standortsituation alternativ auswählen kann. Den Effekt eines eventuellen Einsatzes solcher Operatoren kann der Planer selbstverständlich vorab prüfen, indem er die Gesamtwirkung des entsprechenden Operators anhand eines Policy-Tests im Modell durchspielt. Der Bau einer Autobahn, die Erweiterung eines Flughafens, die Attraktivität eines Erholungsgebietes oder die Neubesiedlung eines Ortsrandes spiegeln sich dann in der oft sehr unterschiedlichen Sensitivität des Gesamtsystems wider. Das Sensitivitätsmodell wird damit zum Hauptinstrument einer »Systemverträglichkeitsprüfung«, die über eine UVP (Umweltverträglichkeitsprüfung) weit hinausgeht.

Sensitivitätsmodell

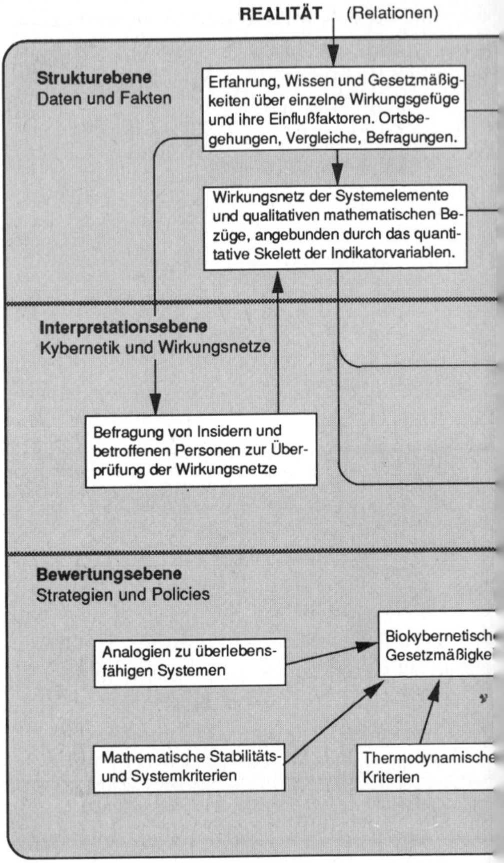

Das Drei-Ebenen-Schema des Sensitivitätsmodells

© 1990 sbu München

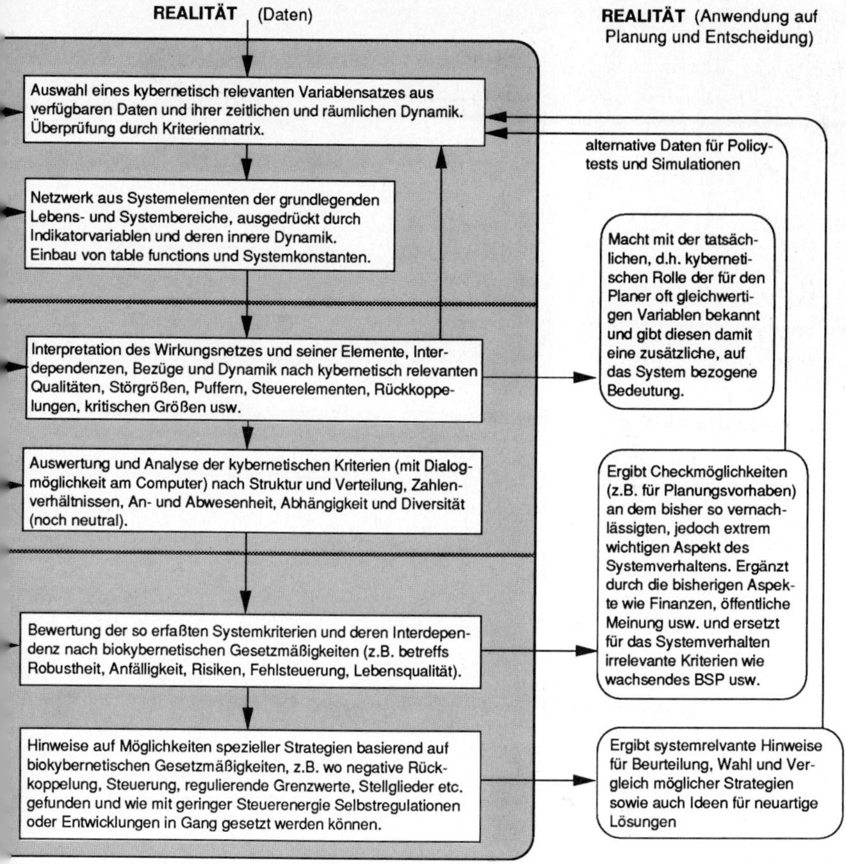
REALITÄT (Daten)
REALITÄT (Anwendung auf Planung und Entscheidung)
Auswahl eines kybernetisch relevanten Variablensatzes aus verfügbaren Daten und ihrer zeitlichen und räumlichen Dynamik. Überprüfung durch Kriterienmatrix.
alternative Daten für Policytests und Simulationen
Netzwerk aus Systemelementen der grundlegenden Lebens- und Systembereiche, ausgedrückt durch Indikatorvariablen und deren innere Dynamik. Einbau von table functions und Systemkonstanten.
Macht mit der tatsächlichen, d.h. kybernetischen Rolle der für den Planer oft gleichwertigen Variablen bekannt und gibt diesen damit eine zusätzliche, auf das System bezogene Bedeutung.
Interpretation des Wirkungsnetzes und seiner Elemente, Interdependenzen, Bezüge und Dynamik nach kybernetisch relevanten Qualitäten, Störgrößen, Puffern, Steuerelementen, Rückkoppelungen, kritischen Größen usw.
Auswertung und Analyse der kybernetischen Kriterien (mit Dialogmöglichkeit am Computer) nach Struktur und Verteilung, Zahlenverhältnissen, An- und Abwesenheit, Abhängigkeit und Diversität (noch neutral).
Ergibt Checkmöglichkeiten (z.B. für Planungsvorhaben) an dem bisher so vernachlässigten, jedoch extrem wichtigen Aspekt des Systemverhaltens. Ergänzt durch die bisherigen Aspekte wie Finanzen, öffentliche Meinung usw. und ersetzt für das Systemverhalten irrelevante Kriterien wie wachsendes BSP usw.
Bewertung der so erfaßten Systemkriterien und deren Interdependenz nach biokybernetischen Gesetzmäßigkeiten (z.B. betreffs Robustheit, Anfälligkeit, Risiken, Fehlsteuerung, Lebensqualität).
Hinweise auf Möglichkeiten spezieller Strategien basierend auf biokybernetischen Gesetzmäßigkeiten, z.B. wo negative Rückkoppelung, Steuerung, regulierende Grenzwerte, Stellglieder etc. gefunden und wie mit geringer Steuerenergie Selbstregulationen oder Entwicklungen in Gang gesetzt werden können.
Ergibt systemrelvante Hinweise für Beurteilung, Wahl und Vergleich möglicher Strategien sowie auch Ideen für neuartige Lösungen

7

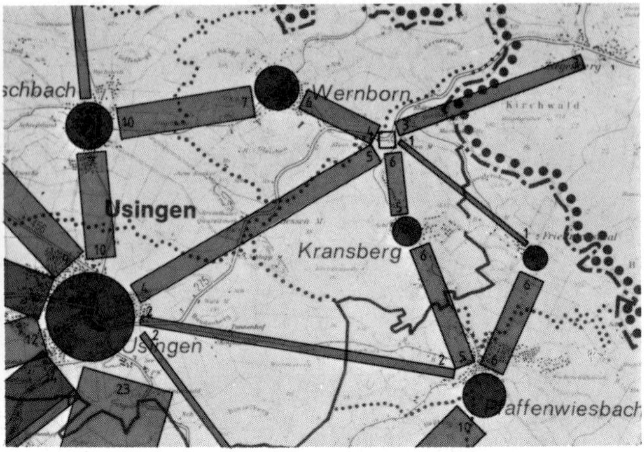

Ausschnitt aus einer »Landkarte« der Regionalplanung

Zur Anwendung und Umsetzung des Verfahrens

Das von uns vorgeschlagene Sensitivitätsmodell ist in mehrerer Beziehung neu. Zunächst einmal ist es weniger ein festes mathematisches Abbild, als vielmehr ein Verfahrensmodell, eine Denkhilfe, um die Wirklichkeit in ihren kybernetischen Zusammenhängen zu erkennen.

Die Entwicklung, wie sie im letzten Kapitel beschrieben wurde, erfordert daher in einigen Punkten laufend weitere Grundlagenforschung. Das bedeutet, daß das Ergebnis bestimmter Schritte nicht nur zum Zeitpunkt der Entwicklung des Sensitivitätsmodells noch völlig offen war, sondern auch heute noch gelegentliche Wandlungen erfährt. In diesem Kapitel werden wir dennoch einiges über das mögliche Spektrum der Anwendungen und Umsetzungen sagen, nicht zuletzt, um zu demonstrieren, daß solche Überlegungen (wie etwa sogar eine Gebrauchsanweisung) bereits von Anfang an in eine solche Forschungs- und Entwicklungsarbeit integriert werden sollten – sozusagen wieder unserem Grundprinzip der Selbstregulation und eines

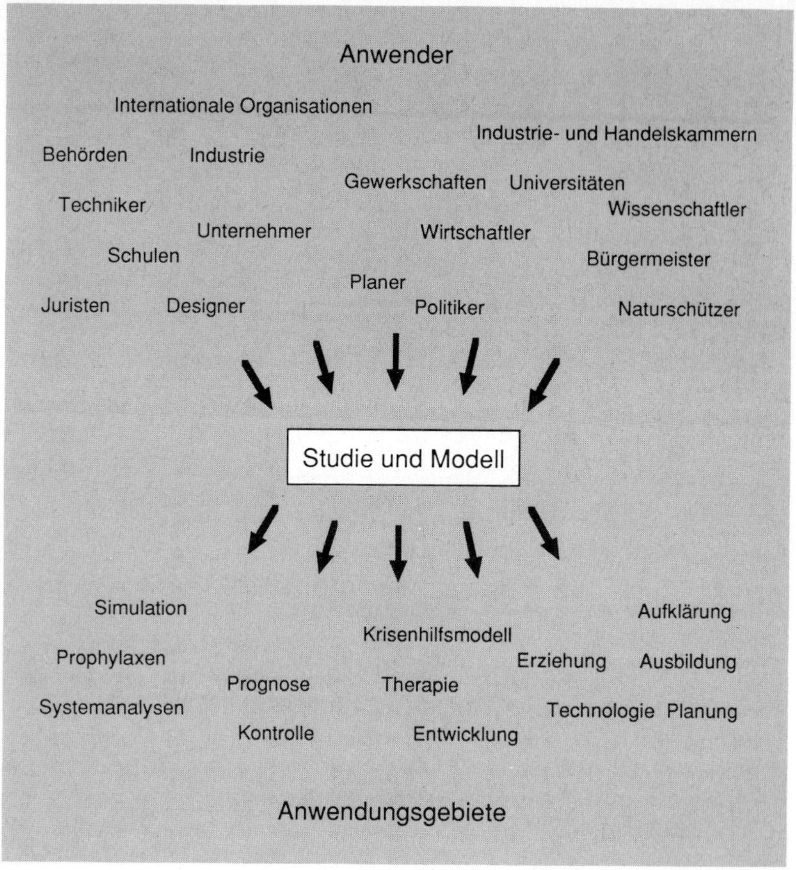

Die möglichen Anwender und Anwendungsgebiete des Sensitivitätsverfahrens

Feedback mit der Realität gehorchend. Das muß natürlich besonders dann der Fall sein, wenn es wie hier darum geht, unsere Erkenntnis über die Zusammenhänge des Systems Mensch-Umwelt zu erweitern.[33]

Das Sensitivitätsmodell als verständliches Arbeitsinstrument

Ein wesentlicher Teil unserer Studie über Ökologie und Planung in Ballungsgebieten besteht zunächst in konkreten Umsetzungshilfen und Hinweisen.[3] Diese beziehen sich zum einen auf die verschiedenen Anwendergruppen (Politiker, Wissenschaftler, Planer, Unternehmer, Behörden, internationale Organisationen), zum andern aber auch auf die unterschiedlichen Anwendungszwecke (Entscheidungshilfe, Prophylaxe, Therapie, Prognose, Forschungsinstrument, Krisenmanagement, Beurteilung von Umkippvorgängen).

Für jeden Zweck und jede Zielgruppe muß somit der jeweils geeignete Einstieg in das Modell ausgearbeitet und dem Benutzer einsichtig und zugänglich gemacht werden. Auch hier wieder ist es angesichts der sehr unterschiedlichen »Herkunft« der Anwender von Vorteil, wenn ein unnötiger akademischer Fachjargon vermieden wird, damit man sich nicht allein schon dadurch lediglich auf das spezielle Interessengebiet derjenigen beschränkt, die das Modell erarbeitet haben.

Um unsere zweite Grundforderung an das Simulationsmodell als echtes Arbeitsinstrument (vergleiche das Drei-Ebenen-Schema auf Seite 112f.) zu erfüllen, wurden bereits die ersten Schritte, ja auch schon die *Darlegung* eines solchen Vorhabens (und nicht erst seine Endfassung) so anwendungsorientiert ausgelegt, daß sie bereits erste Entscheidungshilfen geben können. Eine Forderung, die daher auch weitgehend das Gesicht dieses Buches geprägt hat. Wir glauben, daß ein gewisser Anwendungsbezug auf jeder Entwicklungsstufe des Modells die beste Garantie dafür ist, daß man auch mit den daraus entwickelten Endprodukten etwas anfangen kann.

Die Flexibilität des Modells

Die dritte Grundforderung an unser Modell, nämlich möglichst vielen Zielgruppen und Anwendungszwecken zu dienen, hoffen wir vor allem durch zwei Eigenschaften des Modells zu erfüllen:

1. Die Einbeziehung aller wichtigen Lebensbereiche und damit sein ganzheitlicher Ansatz.
2. Die Möglichkeit, auf verschiedenen Ebenen der Komplexität zu arbeiten.

Beide dürften das Spektrum der Anwendungsarten entscheidend erweitern, da durch diese übergreifende Vernetzung, wie schon erwähnt, automatisch die Möglichkeit gegeben ist, von vielen verschiedenen Ansatzebenen aus in das Modell »einzusteigen«. Es lassen sich sowohl Fragestellungen bearbeiten, die ein ganzes Ballungsgebiet betreffen, als auch solche, die lediglich auf speziell interessierende Detailbereiche gerichtet sind.

So konnte in der Tat inzwischen anhand der durchgeführten Systemstudien gezeigt werden, daß das Modell sowohl auf ein einzelnes Gebäude (zum Beispiel ein Freizeitzentrum[20]), als auch auf ein einzelnes Unternehmen (Fleischverarbeitungskonzern[64], Luftfahrtunternehmen[65], Autohersteller[66]), als auch auf größere, übergeordnete Systeme wie das System »Ökologischer Landbau in der Bundesrepublik« (Ökoland-Projekt[67]) oder ein zukunftsorientiertes Verkehrssystem[66] anwendbar ist. Doch darüber später mehr.

Andererseits läßt sich ein und derselbe Umweltkomplex oder die gleiche anstehende Entscheidung von extrem unterschiedlichen Aspekten und Interessensphären aus befragen (zum Beispiel die Frage nach einem bestimmten Autofahrerverhalten sowohl vom Aspekt des Straßenbaus aus als auch von demjenigen der Medienpolitik).

Die so zu einem übersichtlichen und trotzdem multidisziplinären »Paket« zusammengefaßten Aussagen lassen sich dann weit plausibler (und mit einer den realen Verhältnissen entsprechenden Argumentation) in die Praxis umsetzen, als dies etwa mit einer fach- oder ressortgebundenen, wenn auch mit noch so vielen zusätzlichen Daten angereicherten Aussage geschehen kann. Diese Eigenschaft mag weitere Interessenten und auch Forschergruppen anregen, auf einer ihnen entsprechenden Ebene in die Arbeit einzusteigen, sie weiter zu entwickeln und weiter umzusetzen.[68]

Die Vielseitigkeit und Flexibilität des Simulationsmodells entspricht damit im übrigen unserer kybernetischen Grundregel von der Mehrfachnutzung. Darüber hinaus liefert sie vielleicht auch einen Beitrag zu der so nötigen interdisziplinären Zusammenarbeit zwischen den verschiedenen durch das Modell angesprochenen Zielgruppen. Denn die Programmierung des Sensitivitätsmodells wird so beschaffen sein, daß seine Aussagen sich nicht auf den Arbeitsbereich des einzelnen Anwenders beschränken, sondern – weil sie von der Anlage her der Betrachtung des größeren Zusammenhangs dienen sollen – auch automatisch solche Bereiche anrühren, die in der betreffenden Anfrage vielleicht gar nicht angesprochen wurden.

Letzteres ist besonders für Entscheidungsträger in Politik und Behörden von Bedeutung. Denn viele von ihnen sehen sich nur noch als Spielfiguren von Zwangsmechanismen und weichen lediglich in diejenige Entscheidung aus, der die geringsten Widerstände entgegengesetzt werden. Sie können *reagieren,* aber kaum noch *agieren* – eben nicht zuletzt, weil ihnen und ihren

Beratern der größere Zusammenhang und damit entsprechende Argumentationen bisher einfach nicht zugänglich waren.

Die Flexibilität des Modells bedeutet wegen seiner Freiheitsgrade weiterhin, daß vom Anwender eine stärkere eigene Mitarbeit verlangt wird. Denn er wird die Möglichkeit erhalten, das Modell auf den jeweiligen Zweck selber abzustimmen. Eigentlich wäre daher in der Computerisierung eine Analogdarstellung einer digitalen Speicherung vorzuziehen. Denn erstere läßt selbst den außenstehenden Anwender noch einigermaßen verfolgen, was in dem Rechenmodell vor sich geht. Der dadurch mögliche engere Bezug zur Arbeitsweise des Modells wird dem Anwender außerdem eine gewisse Kritikmöglichkeit an der Computeraussage eröffnen, die – was sehr zu begrüßen wäre – dann nicht mehr unbedingt als blackbox-Aussage hingenommen werden muß. Diesem Umstand kann bei Nutzung gängiger Digitalrechner durch einen stärkeren Einsatz manueller »Tools« Rechnung getragen werden, die sozusagen den analogen Part übernehmen.

Martin Wolters, ehemaliger Siemensdirektor für künstliche Intelligenz, sieht in seinem Buch über die fünfte Computergeneration[81] im Sensitivitätsmodell durchaus einen neuen Ansatz der Informatik und meint dazu: »Dieses mit Petrinetzen verwandte Darstellungssystem ... stammt aus dem Bereich der Biokybernetik. In zunehmendem Maße in der Praxis angewendet ist dieses von F. Vester entwickelte System, längst aus dem Experimentierstadium heraus. Seine allgemeine Einführung wird weitgehende Rückwirkungen auf unser Zusammenleben und die Art und Weise haben, wie wir in Zukunft Probleme lösen werden... Die Petrinetz-Technologie erweist sich als ein außerordentlich vielseitig einsetzbares Instrument, das sogar im Rahmen der künstlichen Intelligenz in der Lage ist, Interferenzketten vom »Wenn-dann«-Typ zu visualisieren. Beratende Spezialisten dieser Technologie werden einmal in großer Zahl gefragt sein.« Beim Sensitivitätsmodell zeige sich außerdem, »daß bereits kleine (jederzeit ausbaufähige) Netze dieser Art sehr repräsentativ der Wirklichkeit entsprechende Werte liefern. Sie werden mit einem Hologramm verglichen, bei dem auch ein kleines Teilstück bereits das ganze »wahre« Bild liefert, unter Umständen nur etwas unscharf oder lichtschwach.«

Das Instrumentarium des Sensitivitätsmodells selbst ist damit durch seinen gemischten stufenweisen Aufbau aus manuellen und computerisierten Teilmodellen gegenüber einem Zugriff so offen, daß auch bereits die unteren Ebenen einen praktischen Nutzen haben. Zum Beispiel, indem sie den Planer schon gleich zu Anfang nach Beziehungen fragen lassen, an die er üblicherweise gar nicht denkt, oder indem ihm bereits die ersten Interpretationsmodelle die tatsächlichen systemrelevanten Rollen der verschiede-

Ausfallstraße
Stellglied, Regler oder Nachschubgröße?
In welchen Regelkreis greift sie ein?

Bepflanzung
Führt sie eine negative Rückkopplung ein, oder löst sie eine auf?

Subvention
Erhält sie Arbeitsplätze, oder vernichtet sie welche durch Zementieren einer falschen Richtung?

Dadurch, daß ich weiß, daß etwas eine Ausfallstraße ist, eine Bepflanzung oder eine Subvention, weiß ich noch lange nicht, welche Rolle sie in dem System als Komponente einnimmt.

nen Systemteile aufzeigen. Hier erfährt er zum ersten Mal, ob nun die Erweiterung einer Ausfallstraße ein Stellglied oder eine Nachschubgröße ist und in welche Art Regelkreis sie überhaupt eingreift. Er erfährt, ob er durch eine neue Bepflanzung eine negative Rückkopplung einführt oder auflöst, ob die Einrichtung einer Schnellbahn ein Regelglied oder ein pufferndes Glied ist und so fort.

Damit dürfte auch deutlich geworden sein, daß ein solches Instrumentarium nicht etwa die herkömmlichen Planungsschritte ersetzt, sondern eine zusätzliche Hilfe neben den klassischen Planungsvorgängen ist. Denn es zeigt ja vor allem die kybernetische Beziehung der Systemteile zum Systemverhalten und interpretiert sie im Hinblick auf die Kriterien der Überlebensfähigkeit des ökologischen und sozio-ökonomischen Gesamtsystems. Ein solches Instrumentarium prognostiziert also nicht, wie hoch der SO_2-Gehalt einer Gemeinde oder die Wassergüte eines Flußsystems nach Installation eines weiteren Chemiewerkes in fünf Jahren sein wird, als vielmehr, welche Tendenzen innerhalb der Gesamtregion durch diesen Eingriff verringert oder vergrößert werden; ob die Flexibilität gegenüber solchen Störungen sinkt, die Abhängigkeit ansteigt, Selbstregulationen aufgebrochen werden oder gar gefährliche, sich aufschaukelnde Rückkopplungen eingeführt werden.

In allen Fällen bleibt dabei der Benutzer immer selbst Teil des Systems. Eine Herauslösung des Steuervorgangs aus dem System ist durch die in den höheren Interpretationsmodellen verankerte Verbindung (Interdependenz durch Feedback) unterbunden (vergleiche unsere 1. Grundregel). Die Gefahr einer von außerhalb des Systems wirkenden Weisungshierarchie, die bei einem Gremium von Superkybernetikern (in der Science-Fiction-Literatur als »Kyborg« bekannt) gegeben wäre und die, wie wir schon sahen, in jedem Falle zu einem absoluten Dirigismus statt zu kleinräumiger Selbstregulation führen würde, ist hier vermieden. Sie ist übrigens in der biologischen Welt nirgendwo anzutreffen. Statt Weisungshierarchie finden wir hier ausschließlich Feedback-Hierarchie – sicher mit ein Grund, warum die Biosphäre seit 4 Milliarden Jahren überlebt hat.

Auch unsere vierte und letzte Grundforderung an das Modell, nämlich seine Übertragbarkeit auf andere Lebensräume und Anwendungsbeispiele (und damit sein Pilotcharakter) verlangt von der Modellstudie, daß sie das Schwergewicht auf die Art der Wechselwirkungen und weniger auf die detaillierte Erfassung der Absolutwerte aller dabei beteiligten Einzeldaten legt. Daß dies im Prinzip möglich ist, dokumentieren bereits die weiter unten angeführten Anwendungsbeispiele so unterschiedlicher Systeme wie eines Gebäudes (Freizeit-Pueblo) und einer bundesweiten Organisation (Ökoland). Beide befinden sich jedoch im gleichen Kulturkreis. Die Frage bleibt daher, ob dies auch noch gilt, wenn völlig andere Grundgegebenheiten politischer, wirtschaftlicher, ethnischer und klimatischer Art vorliegen!

Da es die Biosphäre und ihre kybernetischen Abläufe sind, an denen sich der ganze Ansatz orientiert, dürften die zugrundeliegenden Systemgesetzmäßigkeiten so tief in sämtlichen Lebenserscheinungen wurzeln, daß wir glauben, daß auch das hier in seinen Grundzügen beschriebene Sensitivitätsmodell (obgleich sein ursprünglicher Aufbau anhand der Daten eines bestimmten Ballungsgebietes erfolgte)[3] durchaus als Muster für andere Lebensräume dienen kann. Vor allem dürfte die grundsätzliche Übertragbarkeit schon dadurch gesichert sein, daß der an der Biologie orientierte Ansatz einen starken Bezug zu allen überlebensfähigen Systemen hat und damit eine Allgemeingültigkeit in ihren inneren Prinzipien garantiert. In dieser Hinsicht bleibt das Sensitivitätsmodell unabhängig vom Grad der industriellen oder zivilisatorischen Entwicklung als Verfahren voll anwendbar.

Seine Übertragbarkeit ist im besonderen Maße für *neu entstehende* Verdichtungsräume von Bedeutung. Die aus dem Modell gewonnenen Erkenntnisse haben dort natürlich weit größere Chancen, prophylaktisch gestaltend zu wirken, während sie in Gebieten mit bereits abgeschlossener Entwicklung im Grunde nur bereits bestehende Ungereimtheiten zu korrigieren vermögen.

Gerade in Entwicklungsländern mag daher ein solches Modell helfen, Siedlungsräume mit einer überlebensfähigen Struktur entstehen zu lassen. Besonders im tropischen Bereich kann dies eine noch größere Überlebensfrage sein als in den gemäßigten Zonen. Selbst wenig besiedelte Gebiete sind dort mit besonderer Sorgfalt anzugehen, weil die dortigen Ökosysteme auf Grund der klimatischen Bedingungen weit empfindlicher sind als bei uns. Der gelegentliche Vorteil einer geringeren Menschendichte wird daher durch die dort weitaus dramatischeren Effekte zivilisatorischer Eingriffe sehr rasch kompensiert – man denke nur an unser anfängliches Beispiel von der Sahel-Zone oder an die derzeitigen Eingriffe im Amazonas-Urwald.

Das Spektrum der Anwendungsmöglichkeiten

Wie wir gesehen haben, müßte es möglich sein, das Sensitivitätsmodell mit entsprechenden Umsetzungshilfen für die unterschiedlichsten Anwendungsbereiche zugänglich zu machen, ohne daß es selbst umfangreicher oder als Instrumentarium gar für jeden Zweck extra erstellt werden müßte.

Sicher wird es dabei auch Fragestellungen geben – womöglich auch unter den unten genannten – für deren Beantwortung die Anlage des Modells weniger geeignet ist. Trotzdem seien im folgenden – immer im Hinblick auf ein möglichst frühzeitiges Feedback mit den Anforderungen der Praxis – einige Anwendergruppen und Fragestellungen aufgeführt, für die das Modell in seinem Ansatz zumindest gedacht ist.

- Für eine Behörde, die die Auswirkungen drastischer Ölpreisänderungen auf die mittelfristige Energieversorgung erkennen will, um rechtzeitig im Systemzusammenhang gesicherte Maßnahmen oder sinnvolle Alternativen treffen zu können.
- Für den Politiker, der die langfristigen Auswirkungen einer von einem Industriekonzern kontrollierten Technologie im Gesamtzusammenhang beurteilen will.
- Für eine Krankenkasse, die die Auswirkung verschiedener Streßfaktoren auf die Höhe der Soziallasten abschätzen will.
- Für einen Industriekonzern, der wissen möchte, ob die zukünftige Unternehmenspolitik im ökologischen Gesamtzusammenhang gesehen der Allgemeinheit Nutzen bringt oder nicht.
- Für ein Ministerium, das wissen möchte, welche Sachzwänge es für mehrere zur Wahl stehende Entscheidungen gibt, um eine von Interessengruppen unabhängige Entscheidung treffen und vertreten (!) zu können.
- Für einen Bürgermeister, der wissen möchte, welche Nachfolgelasten durch die Ansiedlung bestimmter Industrien auf ihn zukommen.
- Für ein Umweltamt, das feststellen will, welche Bioindikatoren auf welche Wirkungen hinweisen und inwieweit bestimmte Indikatoren auch für sehr indirekte Wirkungsnetze gültig sind.
- Für eine Forschungsgruppe, die bestimmte Gesetzmäßigkeiten bei der Auswirkung von Eingriffen des Menschen in ökologisch stabile Systeme

zur interdisziplinären Absicherung eines Forschungsvorhabens herausfinden möchte.

- Für den Gesetzgeber, der wichtige ökologische Schwell- und Grenzwerte erfassen möchte, um sie zur Verringerung der ökologischen Risiken gesetzlich zu verankern.
- Für das Entwicklungsreferat einer Stadt, das wissen möchte, ob und wie es sachlich begründete, jedoch noch unpopuläre Maßnahmen zur Verkehrsberuhigung in der Öffentlichkeit entsprechend vorbereiten kann.
- Für einen Unternehmer, der erfahren will, wie er seinen Betrieb strukturieren soll, damit er langfristig konkurrenz- und damit überlebensfähig ist.

Während das Pilotprojekt des aus diesen Überlegungen heraus entwickelten Instrumentariums ein solches der Regionalplanung war[3] – das kybernetisch zu erfassende System umfaßte 13 Gemeinden des Kinzigtales östlich von Hanau – zeigten bereits die nächsten Projekte die Anwendbarkeit des gleichen Instrumentariums auf Vorhaben völlig verschiedener Größenordnung, wie:

- die Konzeption und Entwicklung eines neuen Typs von Freizeitzentrum,[20]
- die Erfassung des »Systems Kabine« einer Fluggesellschaft,[65]
- die systemkybernetische Untersuchung des gesamten landwirtschaftlichen und Ernährungssektors in der Bundesrepublik,[67]
- Unternehmensplanung und -Leitbild eines europäischen Papierkonzerns,[68]
- Neuorientierung eines Brauerei-Verbundes,[52]
- Bearbeitung von Umweltproblemen und Systemverträglichkeitsprüfungen in Malaysia,[71]
- Landschaftsplanungs- und Ausbildungsprojekte in Israel,[70]
- bei der Behandlung von Stadtplanungsproblemen in Österreich,[71]
- die konzeptionelle Untersuchung für ein kleinräumiges Verbundsystem der Fleischverarbeitung,[64]
- die Entwicklungsmöglichkeiten eines Unternehmens der Automobilindustrie.[66]

Um dem Leser wenigstens einen kleinen Einblick in die Art der so gewonnenen Aussagen zu geben, sollen die Ergebnisse wenigstens einiger dieser immer noch als Prototypen zu betrachtenden Studien im folgenden kurz skizziert werden. Eine ausführliche Darstellung der Durchführungsweise und der in den verschiedenen Arbeitsschritten gewonnenen Aussagen wird in dem Sachbuch ›Vorsprung durch vernetztes Denken‹ dokumentiert werden.[80]

8

Einige Systemstudien

Ergebnisse einiger Studien

Das Freizeit-Pueblo[20]

Die Problematik des Freizeitsektors wurde im Zusammenhang mit dem Dichtestreß auf Seite 26 schon einmal angeschnitten. Zwar wurde auch bei dieser Untersuchung – in einem externen Systemmodell – zunächst das Einzugsgebiet des geplanten Freizeitzentrums als »Ökozelle« gesehen und in seinem Systemverhalten und den kybernetischen Wechselwirkungen mit dem Projekt und dessen Besuchern, inklusive der wirtschaftlichen und energetischen Konstellation untersucht. Doch dann wurde in einem weiteren Schritt der etwas ungewöhnliche Versuch gemacht, mit dem gleichen Instrumentarium ein noch viel kleineres System anzugehen: Das Sensitivitätsmodell wurde im Grunde auf ein einzelnes Haus angewandt.

Bei der Überlegung, inwieweit überhaupt ein einzelnes Gebäude mit einem Ökosystem und seinen acht Lebensbereichen – Wirtschaft, Bevölkerung, Flächennutzung, Humanökologie, Naturhaushalt, Infrastruktur, Gemeinwesen und Randbedingungen – verglichen werden kann, ergaben sich äußerst interessante Parallelen und überraschenderweise keine prinzipiellen Schwierigkeiten, das Modell einzusetzen. Gerade aus diesem Vergleich heraus entstanden sehr nutzbringende und innovative Forderungen für die Überlebensfähigkeit und Prosperität des Projektes, aber auch für dessen langfristige Stabilisierung zum Beispiel durch Symbiose mit einem größeren Gesamtsystem, in das es als kleines Teilsystem eingebettet war. Das Ergebnis der 400seitigen Systemstudie war die Gesamtkonzeption eines »Freizeit-Pueblo«, angesiedelt mitten in einem Ballungsgebiet, der Bürostadt Frankfurt/Niederrad, dessen Bau im Herbst 1983 fertiggestellt wurde.

Ruhe und Muße neben Erlebnisangeboten, Theater- und Rollenspielen, neuartigen Management- und Lernseminaren, eine vorzügliche vegetarisch orientierte Gastronomie mit Kochkursen und nicht zuletzt der Verbund mit kreativen Spielen, Sport, Sauna und Entspannung, ein Miterleben der Energieversorgung und des Abfallrecycling, ein grünes Biotopdach mit modernen Alternativtechnologien, die selbst wiederum in Modellbaukursen hergestellt werden, – bis hin zum biologischen Design des Pueblo-Baues selbst und seinen dicken, klimaregulierenden Ziegelwänden – waren die Eckpfeiler des Konzepts.

Oberstes Ziel auch hier: Überlebensfähigkeit durch Flexibilität, Selbstregulation, biologisches Grunddesign und Symbiose mit den umliegenden Teilsystemen. Für diese Anwendung des Sensitivitätsmodells auf ein urbanes Freizeitkonzept wurde 1984 der Philip-Morris-Forschungspreis verliehen. Dennoch war dieses Projekt ein Fehlschlag. Nach Fertigstellung des Gebäudes, das in seiner Architektur – mit wenigen Abstrichen – dem ur-

Bauzeichnung des Frankfurter Freizeit-Pueblos (Südseite)

sprünglichen Konzept entsprach, scheiterte der nun einsetzende *Betrieb* des Freizeitzentrums nach kurzer Zeit, da die betriebswirtschaftlichen, personellen und administrativen Empfehlungen der Systemstudie gröblich mißachtet wurden. Und es war auch nicht der von dem Konzept überzeugte Auftraggeber, sondern der Traum von einer europaweiten Pueblokette, den ihm seine »Investitionsberater« vorgaukelten und damit wieder einmal die Abhängigkeit vom Wachstum, die die zur ökonomischen Funktion des Pueblos nötigen Mittel verschlang. Die wichtigste »Ware«, die das Pueblo zu verkaufen hatte, nämlich eine spielerisch entspannte Atmosphäre, wurde so nie hergestellt. Deutliche Aussagen der Studie, wie die Warnung vor Umkippeffekten, wurden von den Betreibern einfach nicht zur Kenntnis genommen, obwohl das Desaster daraus direkt ablesbar war. Die daraus gezogene Lehre: es macht keinen Sinn, ein Sensitivitätsmodell *für* einen Auftraggeber anzufertigen, sondern nur *mit* ihm. Nur wenn er am Aufbau des Modells selbst mitgearbeitet und so die Kybernetik seines Systems verinnerlicht hat, wird er die Empfehlungen einer solchen Studie zu Rate ziehen.

Das »Ökoland«-Konzept[67]

Ein anderes Projekt überschritt den Rahmen unserer Pilotstudie nach der anderen Seite. Hier wurde das externe Wirkungsgefüge bundesweit, ja unter teilweiser Berücksichtigung des EG-Raumes erstellt, in diesem dann als nächst kleinere Einheit das Systemmodell einer fiktiven Erzeuger-/Verbrauchergemeinschaft mit dezentraler Vermarktungsorganisation für biologisch angebaute Produkte und erst als drittes internes Modell die wieder darin enthaltene kleinere Zelle, also der einzelne landwirtschaftliche Hofbetrieb untersucht.

Diesmal erhielten weniger der Flächenbezug und die Verkehrs- beziehungsweise »Kunden«-ströme die Priorität (denen natürlich in dem Freizeitprojekt wegen der Innenausstattung und Raumnutzung ein besonders hoher Stellenwert zukam), sondern mehr die Überlegungen zur Infrastruktur und zum Verhältnis Landwirt/Verbraucher: die Frage der Warenströme, des Know-how-Austauschs, der Beteiligungstrukturen, Geschäftsabschlüsse und all der Faktoren, die mit den unterschiedlichsten Erwerbsformen in der Landwirtschaft und ihrer möglichen Ergänzung zusammenhängen; all dies eingebunden in eine moderne ökologische Anbautechnik und

Beratung, in geeignete Maschinenringe und Umstellungshilfen. Denn hier konnte die gestellte Aufgabe, ein durchstrukturiertes, wettbewerbsfähiges System auf ökologisch-ökonomischer Basis in Gang zu setzen, zunächst noch unabhängig vom Standort, sozusagen flächenneutral erarbeitet werden. Dafür waren die Mechanismen der politischen und wirtschaftlichen Abhängigkeit, aber auch des Übergangs von linearen auf kybernetische Denkstrukturen vorrangig.

Erst in der Umsetzung, wo weniger die Strategie als die örtlichen Operatoren eine Rolle spielen, wird dann der Standort mit all seinen geologischen, infrastrukturellen und klimatischen Bedingungen entscheidend sein.

Das Landwerkstättenprojekt [64]

In der »Systemstudie Landwerkstätten« wurde auf der Basis des Sensitivitätsmodells das Konzept für einen neuartigen fleischverarbeitenden Betriebstyp im Auftrag des Inhabers der Herta-Wurstfabriken, Karl Ludwig Schweisfurth, entworfen.

Aus der Erkenntnis heraus, daß sein Unternehmen zu groß geworden war, um noch eine sinnvolle ökologische und seinem Qualitätsanspruch gemäße Versorgung mit Fleischwaren zu ermöglichen, beauftragte der Unternehmer die Studiengruppe für Biologie und Umwelt mit einer Sensitivitätsanalyse des Unternehmens und seines Umfeldes und der Ausarbeitung einer daraus zu entwickelnden Unternehmensstrategie. Aus dieser Untersuchung entstand das Konzept eines neuen Typs von kleinräumigen, dezentralen »Landwerkstätten«, die in direkter Kooperation mit den Bauern und durch eine Reihe kybernetischer Verbundlösungen gemäß den acht Grundregeln wirtschaften. Die Wirkungsgefüge und Teilszenarien des Sensitivitätsmodells, die zum Teil in Kooperation mit dem Auftraggeber und seinen Mitarbeitern erstellt wurden, haben insbesondere Wege aufgezeigt, wie der gewaltige Aufwand abgeschafft werden konnte, der bis dahin durch Zwischenlagerung, Zwischenkühlung, Konservierung, Verpackung und Transport einen Keil zwischen Erzeuger und Verbraucher geschoben hatte, und so bei dem früheren Großbetrieb die Qualität vermindert und die Betriebskosten erhöht hatte, ohne eigentlich mit dem Produkt selbst primär etwas zu tun zu haben.

In der 660seitigen Studie wurden die sich ergebenden Forderungen
– an die Werkstätten selbst
– an die Dynamik der Entwicklungen

- an den äußeren Verbund und Kooperation
- an den inneren Verbund
- an das Produkt
- an Management, Betrieb und Vertrieb
- an Kunden und Verbraucher

in 14 Wirkungsgefügen detailliert untersucht und unter Einbeziehung des Auftraggebers mit den nötigen technischen und organisatorischen Daten versehen. Die aus der Systemvernetzung erfaßten Faktoren, die in diesen Forderungen berücksichtigt wurden, waren:

- Organisation des Unternehmens als »Handwerksbetrieb« in Form einer oder mehrerer Werkstätten, deren optimaler Einzugsradius (Schlachttiere) bei 10 km und deren Verteilungsradius bei 25 km liegt.
- Einbindung dieser kleinen organischen Einheiten in die Struktur der bäuerlichen Landwirtschaft mit regionaler Rohstoffversorgung; die Landwerkstätten sollen in Zusammenarbeit und im Austausch mit ansässigen Landwirten arbeiten.
- Ein Verbundsystem, das es ermöglicht, über Symbiose, Mehrfachnutzung und anderes sowohl umweltfreundlich als auch rentabel zu arbeiten, ja die verringerte Umweltbelastung direkt mit der Rentabilitätssteigerung zu koppeln.
- Natürliche Herstellungsverfahren wie eigene Schlachtung (Warmfleischverarbeitung); unmittelbare Weiterverarbeitung und Direktvermarktung bringen Bauern und Verbraucher zusammen.
- Das Bindeglied »Werkstatt« gibt den Verbrauchern Gelegenheit zu direkter Kommunikation mit dem Hersteller und Erzeuger sowie stärkeren Bezug zu natürlicher Nahrung.
- Die Mitwirkung am Werkstatt-Projekt und der Kontakt mit den Konsumenten verhilft den Landwirten zu neuen sinnvollen Tätigkeiten und unmittelbaren Erfolgserlebnissen. Somit erfüllen die Landwerkstätten auch eine wichtige gesellschaftspolitische Aufgabe.
- Die Werkstatt-Betriebe sollen Kreislaufwirtschaft anstreben, Abfallvermeidung und Recyclingmethoden, alternative Techniken und Energiesparsysteme sowie umweltfreundliche Entsorgungsmethoden anwenden. So kann ökologisch Sinnvolles und ökonomisch Notwendiges leichter in Einklang gebracht werden.
- Die Betriebe müssen wirtschaftlich erfolgreich sein und zeigen können, daß sie mit ihrem ganzheitlichen System dem konventionellen deutlich überlegen sind. Ein solches Projekt könnte dann auf Grund seines Modellcharakters auch für andere Unternehmen richtungsweisend für die Zukunft sein.

Inzwischen wurden die ersten dafür geeigneten Standorte ausgewählt und

»Happy Pigs« in Familienstallungen der Hermannsdorfer Landwerkstätten

sowohl der Qualitätsanspruch als auch die betriebswirtschaftlichen Lösungen in dem ersten neuen Betrieb, den Hermannsdorfer Landwerkstätten bei Glonn (Oberbayern), den obigen Forderungen des kybernetischen Konzepts nach und nach angepaßt.

Das Swissair-Projekt Kabine[65]

In der heutigen Diskussion um die Probleme des Luftverkehrs nimmt das Teilsystem »Kabine« eine zentrale Stellung ein. Von ihm laufen Querverbindungen zur Tarifgestaltung, zum Verkauf, zur Werbung und so weiter – bis hin zur Problematik des Terrorismus. All dies wirkt wiederum zurück auf die Kabine und muß durch geschickte Wahl der System-Parameter einbezogen werden. Deshalb beauftragte uns die Swissair mit einer Untersuchung dieses durch seine direkte Kopplung an den Passagier, die Besatzung, die Entwicklung im Flugzeugbau und die Firmenstrategie bedeutsamen Teilsystems.

Im Gegensatz zu den weiter oben beschriebenen Studien war die Vorgehensweise hier eine andere. Denn es war ein siebenköpfiges Team von Swissair selbst, das – zunächst in mehreren Seminaren mit der vernetzten Denkweise vertraut gemacht – unter unserer begleitenden Beratung die Aufgabe hatte, ein Systemmodell der Kabine zu erstellen, an welchem die Konsequenzen von Eingriffen untersucht werden können. Gleichzeitig sollte damit ein permanentes Arbeitsinstrument geschaffen werden, das einer flexiblen Planung Rechnung trägt, da bei den zu erwartenden einschneidenden Veränderungen im Luftverkehr die Kabine der Zukunft kein fertiger Prototyp sein kann.

Eines der Teammitglieder drückte die Lage in einem Interview wie folgt aus: »Für die meisten von uns war die Kabine, abstrakt gesprochen, ein Transportbehälter mit einem gewissen Komfort. Den Komfort zu steigern, sahen wir als unsere Aufgabe an ... Im Laufe der Untersuchung hatte sich jedoch herausgestellt, daß die Kabine etwas ganz anderes ist, nämlich ein außerordentlich verknüpftes System, ein Biotop gleichsam, in dem jede Veränderung eines einzelnen Elements eine Kettenreaktion mit ungeahnten Folgen auslösen kann. Um dieses System zu verbessern, mußten wir erst einmal seine Gesetzmäßigkeiten erkennen ... Bisher hatten wir uns jedoch in Einzeloptimierungen erschöpft. Es fehlte nicht an Ideen für Verbesserungen des Service oder der Ausstattung des Passagierraumes. Daß das gesamte System Kabine davon profitierte, war jedoch selten der Fall.« In der Tat hatte jeder in seinem eigenen Zuständigkeitsbereich nach Verbesserungen gesucht, niemand gesehen, daß solche Verbesserungen fast immer zu Lasten anderer Bereiche gehen und selten zu einer Verbesserung des Gesamtzustandes des Systems führen.

Das Ergebnis der Studie waren dann zum Teil überraschende, oft unmittelbar umsetzbare Hinweise und Ideen zur Technik und Gestaltung, Unternehmensführung und Organisation, die in den nächsten Jahren in die Entwicklung einfließen dürften:

Aus den Wechselbeziehungen von 35 Variablen ergab sich zum Beispiel auf der »organisatorischen Ebene«, daß die drei Größen *Crew Motivation, Wohlbefinden der Passagiere* und *Image von Swissair* über psychosoziale Wechselwirkungen einer hohen Selbstverstärkung unterliegen, die unter Umständen rasch umkippen kann, wenn sie nicht von anderer Seite stabilisiert wird, wobei hier das Zünglein an der Waage die sogenannten »internen Verfahren« spielen. Die Motivation der Besatzung scheint vor allem durch diese festgelegt.

Auf der »Betriebsebene« der Kabine zeigte sich die *Kommunikation mit den Passagieren* als ausschlaggebend für *Attraktivität, Streßabbau* und dadurch wieder gute *Auslastung*. Hier wäre noch viel zu tun. So entspricht es

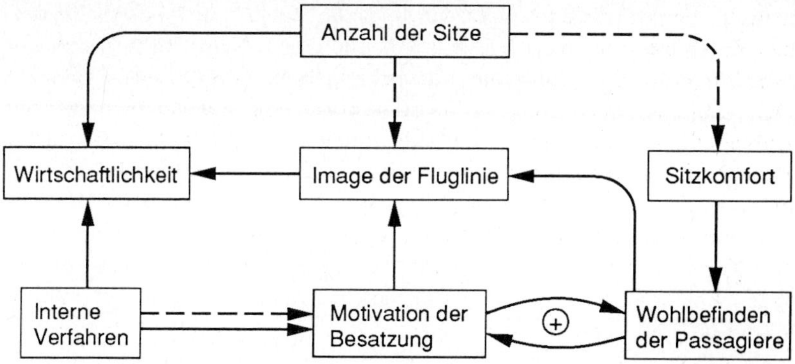

Eines der elf Teilgefüge des Swissair-Systemmodells Kabine, wo die »internen Variablen« bei sich selbst verstärkender oder abschwächender Rückkopplung zwischen Passagieren und Besatzung das Zünglein an der Waage bilden können.

dem Prinzip der Selbstregulation durch negative Rückkopplung, daß zum Beispiel das Auftreten von Fehlern weniger schlimm ist als nichts von ihnen zu wissen. Offene Kommunikation – zur Beruhigung der Passagiere und zur Befriedigung ihrer Neugier.

Auf der »Gestaltungsebene« schließlich kam die nichtlineare Beziehung zwischen *Auslastung* und *Wohlbefinden* zum Ausdruck, wonach der Kabinenraum über die Passagiere positiv oder negativ auf die Besatzung zurückwirken kann. Und zwar nicht nur, was die Zahl der Sitze (kritische Raumausnutzung), sondern auch ihre Anordnung (Drehbare Sitze, Platzwechsel et cetera) betrifft. Ein Sprecher des Siebener-Teams: »Ein Passagierflugzeug ist doch kein Truppentransporter, in dem die Fluggäste wie Soldaten behandelt werden, festgeschnallt auf ihren Sitzen und in Marschformation ausgerichtet.«

Änderungen, die sinnvoll aber schwierig erscheinen, denn auf Grund ihrer in elf Wirkungsgefügen untersuchten Vernetzungsstruktur macht das Teilsystem Kabine einen etablierten, um nicht zu sagen reaktionären Eindruck. Es ist in starkem Maße selbsterhaltend, selbststabilisierend und läßt zunächst vermuten, daß es durch eine Änderung nur schlechter werden kann. Eine Aussage, die nachdenklich machen dürfte. Denn das System müßte, um seinen eigenen Regeln folgen zu können, von außen abgeschottet werden, was nicht der Fall ist. Nehmen die äußeren Veränderungen zu, steigt somit auch das Risiko, daß es innen zu Störungen kommt, und die bringen es umso mehr in Turbulenzen, je starrer es ist – besonders wenn die Druckstellen sensibel sind. Genau das scheint hier der Fall zu sein, denn die kritischen Faktoren, die hauptsächlich für die Stabilisierung beziehungsweise Destabilisierung sorgen, sind psychologischer Natur: Das *Image der Fluglinie,* das *Wohlbefinden der Passagiere* und die *Motivation der Crew.*

Psychologische Faktoren spielen deshalb für die Planung der zukünftigen Kabine eine viel größere Rolle als die materiellen. Das gilt zwar auch für das, was am Boden passiert. Doch beim Fliegen liefert sich der Mensch im extremen Sinne dem System aus. Das bewirkt immer eine gewisse Nervosität, der gegenzusteuern ist. Gegensteuern heißt aber nicht um jeden Preis den Komfort steigern. Viel wichtiger ist es, die einzelnen Einflußfaktoren so zu gewichten, daß ein flexibles Gleichgewicht entsteht, das auch Störungen standhält.

Der hohe Vernetzungsgrad des »Systems Kabine« bedeutet jedenfalls eine ziemliche Starrheit, die in der fehlenden Unterstruktur begründet ist und schon bei kleinen Änderungen von außen das System gefährdet. Die Empfehlung der Studie zielte daher auf mehr Entflechtung bei gleichzeitig ansteigender Diversität (auch der Kabinen-Crew). Da zum anderen alle »kritischen« Größen sämtlich der menschlichen Psyche zuzuordnen sind (Image, Motivation, Wohlbefinden, Führung und Organisation, Attraktivität et cetera), ist eine wünschenswerte Veränderung nur über diese Variablen zu erreichen.

So ist eine hohe Diversität bei der Verpflegung, der Information (Kommunikation, Unterhaltung) und der Ausstattung des Raumes positiv zu bewerten. Hier sind außer der üblichen Kinoleinwand im Prinzip auch völlig neue Funktionen in der Kabine denkbar, so zum Beispiel Schlafabteile, Fitneßraum, Sauna (gegebenenfalls unter Ausdehnung in den unteren Gepäckraum), Blickröhre nach unten, Videoübertragung der Sicht aus dem Cockpit, Dienstleistungen wie Nackenmassage, Maniküre und auch mehr Informationen über den Flugvorgang selbst (aktueller Treibstoffverbrauch et cetera). Das zieht dann praktisch noch eine weitere Diversität nach sich, nämlich diejenige des Kabinenpersonals (anstatt hier einen Einheitstypus anzustreben).

All das bedeutet, daß eine gewisse Entflechtung verbunden mit steigender Diversität bei gleichbleibender Auslastung dem Optimum der Lebensfähigkeit am ehesten und raschesten nachkäme und durch die damit gegebene Flexibilität Änderungen von außen weit besser abfangen könnte.

Die Ford-Studie[66]

1988 wurde von der Studiengruppe für Biologie und Umwelt nach fast zweijähriger Arbeit eine interdisziplinäre Systemstudie abgeschlossen, die unter dem Titel ›Entwicklungsmöglichkeiten eines Unternehmens der Automobilindustrie unter einer funktionsorientierten Unternehmensstrategie‹ eine Evolution im Hinblick auf zukunftsorientierte Verkehrsformen und Fahrzeuge vorschlug. Die Studie wurde von dem weitsichtigen damaligen Vorstandsvorsitzenden der Ford Deutschland AG, Daniel Goeudevert, in Auftrag gegeben und hatte dann – noch vor ihrer Veröffentlichung – auch bei anderen Automobilfirmen bis hin zum ADAC einen Denkprozeß in Gang gesetzt. In dieser umfassenden Analyse wurden Struktur, Funktion, Produkte und Zukunftsmöglichkeiten der Automobilindustrie erstmals im Gesamtzusammenhang von Mensch, Umwelt, Verkehr und Gesellschaft untersucht.

Außer den Kriterien für eine neue (umweltfreundliche) Autogeneration[73] und damit für eine längst fällige Evolution im Fahrzeugbau* lieferte die Studie auch Hinweise für ein Überdenken der Fertigungs- und Entscheidungsstrukturen. Dies berührt sowohl die Herstellung bestimmter Versorgungs- und Entsorgungseinrichtungen als auch neue Aufgaben auf dem Verkehrs- und Dienstleistungssektor, für die sich angesichts des veränderten Handlungsbedarfs auf unserem bedrohten Planeten nach Analyse der Wirkungsgefüge weltweit ein gewaltiger Zukunftsmarkt eröffnen dürfte.

Die Systemuntersuchung ergab, daß die Automobilindustrie, wie viele andere Branchen, aus der gebotenen Verantwortung heraus umdenken muß, um an der Erhaltung – und nicht länger an der Zerstörung – unseres Planeten und seiner Biosphäre aktiv mitzuwirken. Da dies auch eine Frage ihres wirtschaftlichen Überlebens ist, erhöhen sich damit gleichzeitig ihre eigenen Zukunftschancen. Aus den drei Teilmodellen des Sensitivitätsmodells (Automobilindustrie, Verkehr, Individualfahrzeug) ergab sich, daß die Automobilfirmen durch ein lineares Denken unter Fixierung auf das Produkt zunehmend ein »Inzucht-Engeneering« betrieben und ihre eigentliche Funktion vergessen haben, die da heißt: Verkehrsprobleme lösen (und nicht welche schaffen!) (siehe Abb. Seite 134 oben). Unsere heutigen Automobile stellten sich, daran gemessen, als nicht mehr zeitgemäß heraus. Das vorherrschende Konzept der Tourenwagen mit Explosionsmotor muß daher über kurz oder lang in einer Sackgasse landen.

* Eine von Ford USA durchgeführte spätere Studie[72] – die ebenfalls unter Verschluß gehalten wurde – kam zu ähnlichen Folgerungen, zumindest was die neue Fahrzeuggeneration betrifft.[73]

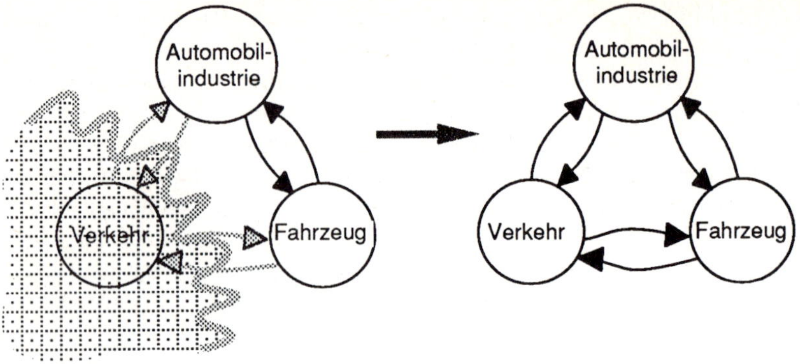

So fordern die an eine zukunftsorientierte Entwicklung angelegten Kriterien der acht biokybernetischen Grundregeln zum einen die Entwicklung eines abgasfreien, leisen, voll rezyklierfähigen, praktischen und sicheren (langsamen!) Individualfahrzeugs für Kurzstrecken, das hoch und kurz ist und sich somit für längere Strecken zum Verbund mit der Schiene eignet (siehe Abb. unten). Zum anderen, daß sich die Industrie im Sinne ihrer Funktionsorientierung (die 3. Grundregel) an neuen Lösungen zur Verkehrsvermeidung und einem verstärkten immateriellen Transport beteiligt.

Funktionsorientierung bedeutet aber auch, sich mit dem vorhandenen technischen und logistischen Know-how um die Bewältigung anderer großer, die Menschheit bedrohender Zivilisationsprobleme zu kümmern, die mit dem Verkehrsgeschehen im weitesten Sinne zusammenhängen, insbesondere um eine umweltfreundliche Versorgung mit Gütern und Energie. Aus den Teilszenarien des Modells ergab sich daraus als neues Produktions-

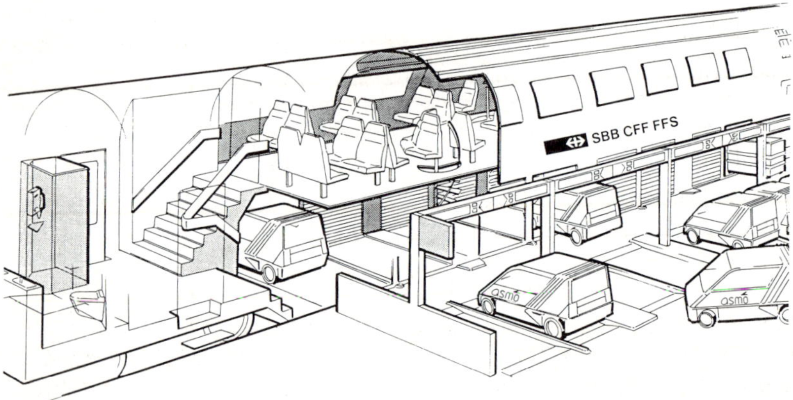

feld für die Automobilindustrie unter anderem die Einführung von Energieboxen zur dezentralen Kraft-Wärme-Kopplung, die Nutzung von Biogas und anderen regenerativen Quellen in Stirlingmotoren, die Herstellung von Windgeneratoren sowie von solar- und muskelkraftbetriebenen Maschinen – was alles mit Motorenbau, High-tech-Elektronik und -Mechanik zu tun hat und somit unter Einsatz des vorhandenen Know-hows einen Rückgang im klassischen Automobilbau voll kompensieren kann. Weiterhin ergab sich der Hinweis auf einen direkt auf diese Branche zugeschnittenen Zukunftsmarkt in der immer dringlicheren umweltfreundlichen Entsorgung: so die Einführung neuer dezentraler Recycling- und Sortiermaschinen, die Herstellung und Organisation wirksamer Abfallsammel- und -trenneinrichtungen sowie Logistik und Dienstleistungen bei der Einführung betrieblicher Symbiosen. Betrachtet man die 4. Grundregel (Jiu-Jitsu), so ist das Know-how zu all dem in der Branche vorhanden. Ein Know-how, das unter Mißachtung der 5. Grundregel (Mehrfachnutzung) jedoch zur Zeit leider nur der Hochzüchtung eines einzigen und zudem langfristig zukunftslosen Produkts zugute kommt. Die Systemstudie legte weiterhin offen, warum eine solche Metamorphose notwendig ist und welche Vorteile sie bringt. Sie konnte zeigen, mit welchen Mitteln und über welche Ansatzhebel ein Automobilhersteller die Komplexität und Vernetzung der Zusammenhänge erkennen und für eine zügige Evolution nutzen kann und was alles zu einer Schrittmacherrolle gehört, um auch in Zukunft am Ball zu sein.

Die Besinnung auf die »Funktion des Unternehmens« erfüllt also nicht nur dringende Bedürfnisse der Allgemeinheit und paßt somit weit besser in eine lebenswerte Zukunft als jede Produktorientierung. Durch die Erhöhung von Diversität, Flexibilität und breiter Akzeptanz bringt sie auch wieder langfristige Überlebenschancen für das Unternehmen selbst und seine Evolution. Der nachhaltige Vorteil einer solchen Systemstudie ist auch in diesem Fall wieder, daß sie so abgefaßt ist, daß sie als permanentes Arbeitsinstrument genutzt werden und damit für einen längeren Zeitraum als Entscheidungshilfe für vernetzte Strategien dienen kann.

Zu den Ergebnissen der Sensitivitätsstudien

Mit den obigen fünf Beispielen sollte ein kleiner Einblick in die Art der behandelten Problematik gegeben werden, auch um bei aller Unterschiedlichkeit der betrachteten Systeme gewisse Gemeinsamkeiten in der Bearbeitung wie auch in der Art der Aussagen zu demonstrieren. Zunächst einmal war das Ergebnis jeder Sensitivitätsstudie, und zwar sowohl die Erfassung des Systems als auch seine kybernetische Interpretation, für die Bearbeiter und die Insider des Systems gleichermaßen überraschend. So bewirkten in allen Fällen die Denkhilfen des »Sensitivitätsmodells« wie Papiercomputer, Teilszenarien et cetera, daß man erstmals die kybernetische Rolle der Komponenten im System erkannte und daraus natürlich ganz andere Schlüsse zog, als wenn man weiterhin das Vorhaben nur als solches, das heißt als isoliertes Objekt planen würde. Im letzteren Fall würden zum Beispiel die Rückwirkungen aus der Umwelt erst ins Spiel kommen, wenn das Objekt in die Umwelt hineingesetzt beziehungsweise in ihr verwirklicht ist. Doch gerade dieses Wechselspiel muß nach unserer 8. Grundregel schon in der Planungsphase stattfinden, damit es das Vorhaben so prägen kann, daß es mit seiner Umwelt optimal zurechtkommt.

Die kybernetische Interpretation der aus den jeweiligen Wirkungsgefügen herausgezogenen Teilszenarien ergab in der Tat unmittelbare Hinweise und zum Teil Forderungen an recht entscheidenden Punkten der Gesamtplanung. Beim »Freizeitzentrum« im Hinblick auf das Angebotmix, die Innenausstattung und den Bau inklusive der energiewirtschaftlichen Seite; außerdem für die Besucherart und -zahl, für Image und Werbung, für Betreuung und Verwaltung und nicht zuletzt für die Realisierbarkeit von Symbiosemöglichkeiten. Die wichtigste Erkenntnis dieser Systemanalyse war, daß das Teilsystem Freizeitzentrum bei klassischer Gestaltung alleine nicht stabil ist. Denn die Teilszenarien aus dem Gefüge ergaben nur sehr wenige Regelkreise. Es galt daher, das System gegen Störungen abzusichern (wie neue Modewellen oder wirtschaftliche, politische, soziale und energetische Krisen) und das Vorhaben in dem übergeordneten System seines Einzugsgebietes so zu gestalten, daß es auch dem Interesse der Symbionten entspricht, also der Gemeinde, den einzelnen Besuchern, ihren Familien und den Betrieben. Das interne Wirkungsgefüge des Systemmodells zeigte dann neben der Wirtschaftlichkeitsanalyse auch die psychologischen Verhaltensbedingungen, die ja nun leider nicht eingehalten wurden.

Bei der »Ökoland-Studie« waren es vor allem Bewertungen des Umstellungspotentials, Folgerungen für die Argumentationsebene sowie Forderungen zur Ernährungsseite, aber auch zum Aspekt von Umwelt und Ressourcen, zum Leben auf dem Lande und zum Hunger in der Welt. Anders als bei dem eben beschriebenen Freizeitprojekt zeigten hier die Teilmodelle eine auffallend große Zahl positiver Rückkopplungen, das heißt sich selbst verstärkende Entwicklungen, die – wenngleich durch einige negative Rückkopplungen in Form von Regelkreisen gebremst – dennoch die Entwicklung in einer einmal angelaufenen Richtung zementieren.

Dieses Gesamtbild war offenbar die kybernetische Erklärung dafür, daß es unglaublich schwer ist, das Steuer in der Landwirtschaft herumzuwerfen. In dem laufend gegen Grenzwerte stoßenden System der konventionellen Bewirtschaftung und ihrer fast unentrinnbaren Einbindung in die Abhängigkeit der den Markt bestimmenden Genossenschaften, der EG-Bestimmungen und der zunehmenden Verschuldung der Bauern, kann daher ein linearer, nichtsystemisch geplanter Vorstoß in Richtung »Bio-Anbau« nur als Oase existieren, das heißt, wenn er sich aus dem System herauslöst. Der Platz für Oasen ist jedoch beschränkt. Sie können nicht von dem Restsystem profitieren und sind daher, sobald sie mit diesem in Partnerschaft treten wollen (auch um gegebenenfalls günstig darauf einzuwirken) für sich alleine keine lebensfähigen Teilsysteme.

Die für das Projekt »Landwerkstätten« aus der Sensitivitätsanalyse entwickelten Vorhaben und Strategien drehen sich letztlich um wenige zentrale Aspekte. Allerdings machen erst solche überhaupt so vorteilhafte Möglichkeiten wie Symbiose, Mehrfachnutzung, Recycling, Energiekopplung, Selbstregulation und biologisches Design, wie sie in den acht biokybernetischen Grundregeln vorgegeben sind, möglich, unter anderem was Verbundlösungen, Größe der Betriebe, Kleinräumigkeit im Ein- und Verkauf, Schulung und Beratung betrifft. Damit auch eine neue Produktdiversität und Flexibilität auf Betriebs- und Vertriebsebene möglich ist – wie es die auf dieser Basis begonnenen Hermannsdorfer Landwerkstätten[64] bereits zeigen – ist dieses Werkstattkonzept auch über den Sektor der Fleischverarbeitung hinaus geeignet, den ersten Schritt zur Beendigung der Verlust- und Verschwendungswirtschaft bis hin zu einer Kreislaufwirtschaft zu tun: mit einem Unternehmensmodell, das umweltschonend, menschenfreundlich, sozialverträglich und nicht zuletzt profitabel arbeitet.

Beim »Swissair-Projekt Kabine« überraschte die vorherrschende Rolle der psychologischen und kommunikativen Faktoren, was durch die weitere Entwicklung in dem Unternehmen bestätigt wurde. Hier führte diese auf ein kleines Teilsystem beschränkte Studie darüberhinaus zur Bildung der BAT-Gruppe (nach Bat = Fledermaus benannt, wegen deren Radarfähigkeiten), wo das nun geschulte Team unter lediglich begleitender Beratung das Sensitivitätsmodell auf das gesamte Unternehmen anwendet. Das geht von der Technik und Logistik bis zu Liberalisierungsproblemen und berührt selbst Basisfragen wie die nach dem Sinn des Reisens überhaupt und ob nicht vielleicht manche Bedürfnisse, die derzeit mit gewaltigem Aufwand durch Flugreisen befriedigt werden, auch ohne Reisen erfüllt werden können – etwa indem man das Verweilen attraktiver macht (womit man – ohne Umweltbelastung – vielleicht genauso viele Mitarbeiter beschäftigen und Geld verdienen kann).

Auch mit der »Ford-Studie« wurde erstmals für die Automobilindustrie der Versuch unternommen, mit Hilfe des biokybernetischen Ansatzes neuartige Unternehmenshilfen für eine zukunftsweisende Unternehmensstrategie zu liefern. Anhand der simulierten Wirkungsgefüge zeigte sich, daß nur ein tiefgreifendes Umdenken der gesamten Funktion – und zwar der des Individualfahrzeuges wie auch der gesamten Branche und ihrer Entwicklungsmöglichkeiten – die Betroffenen vor dem Schicksal vieler anderer, inzwischen aus dem Wirtschaftsleben verschwundener Branchen bewahren kann. So ist es insbesondere die in der Automobilindustrie noch weitgehend vorherrschende starre Ausrichtung auf das Produkt statt auf dessen Funktion, die zunehmend die Überlebenschancen der Branche in einer sich wandelnden Welt verringert.

Bei allen Systemstudien erkannte man mit dem vollständigen Durchlaufen der einzelnen Schritte schließlich nach und nach die charakteristische Systemkybernetik. Aus der ersten Systembeschreibung, dem vorläufigen Wirkungsgefüge, der vorläufigen Variablensammlung, der Reduktion dieser Variablen mit Hilfe der Sichtlochkarten, der Überprüfung der Variablen mit der Kriterienmatrix, der Aufstellung der endgültigen Variablenlisten, der Klärung der Beziehungen der Variablen zueinander unter Einsatz des Papiercomputers, der Aufstellung des Einflußindex und der Rollenverteilung, des Aufbaus der Wirkungsgefüge und der Teilszenarien und ihrer Simulation – aus jeder einzelnen Stufe ergaben sich neue Einblicke, die sich schließlich zu einem charakteristischen Bild zusammenfügen. Nun konnte man das System als Ganzes biokybernetisch bewerten und aus den gewonnenen Erkenntnissen über das System eine Strategie zur Sicherung seiner Überlebensfähigkeit entwerfen. Die Lösungen bei diesen hier beispielhaft angeführten Studien ergaben sich in der Tat immer erst aus den Vernetzungen des Systems und ihren Mechanismen. Denn um mit solchen Vernetzungen fertig zu werden, um sie – wie es die Natur ja auch tut – sogar möglicherweise zu nutzen, sind das hierbei angewandte makroskopische Denken und der biokybernetische Systemansatz geradezu ideal. Man orientiert sich nicht mehr an starren, monokausalen Einzelbeziehungen, sondern an dynamischen Wirkungsgefügen. Daraus ergeben sich Strategien, die letztlich für alle Beteiligten Vorteile bringen.

Unsere Hoffnung ist, daß sich auch in den manchmal schon zu Behörden entarteten Großunternehmen mehr und mehr die Entscheidungsträger einem solchen vernetzten Denken öffnen und dem betriebswirtschaftlichen (Schein-)Ziel stupider Umsatzsteigerung (das schon manchem Unternehmen das Genick gebrochen hat) entsagen. Denn Wachstum kann man nicht schaffen, es muß entstehen, soll es der Unternehmensgesundung wirklich zuträglich sein.

Aus den letzten Bemerkungen wird deutlich, daß wir uns über die eigentliche Anwendung hinaus von dem Ansatz und den unterschiedlichen Denkhilfen, die er enthält, indirekt auch einen gewissen erzieherischen Wert für eine systemorientierte Bewußtseinsbildung versprechen. Ein Anfrager wird ja auf Grund der vernetzten Programmierung nie nur die erste Folgewirkung einer Entscheidung oder veränderten Input-Größe geliefert bekommen, sondern immer Entscheidungen ablesen, in denen auch die indirekten und längerfristigen Auswirkungen beziehungsweise Nutzenkategorien enthalten sind. Da dies oft schon durch einfaches Durchspielen der zu prüfenden Alternativen gelingen kann, wird es ihn womöglich dazu verleiten, auch im Moment nicht anstehende Probleme auf diese einfache Weise zu untersuchen. So mag er bald an einer neuen Dimension des planerischen Denkens Gefallen finden.

Neben rein planerischen Maßnahmen (für Verbesserungen im Vorhinein) lassen sich aus dem Modell natürlich ebenso gut Krisenmaßnahmen (für Korrekturen im Nachhinein) ableiten. Diese können natürlich je nach Wunsch der Zielgruppe noch weiter differenziert werden: in Richtung einer gesamtwirtschaftlichen Bewertung, in Richtung der unterschiedlichsten Wenn-dann-Prognosen, in Richtung von Sensitivitätsanalysen (um von Fall zu Fall die äußerst schwierige Frage der Priorität von kurz-, mittel- oder langfristigen Lösungen in den Griff zu bekommen). Nicht zuletzt wird das Modell auch Aufgaben für zusätzliche, mit anderen Modellen durchzuführende Computerberechnungen anregen, wie sie für spezielle ökologische Fragen aus der Industrie oder aus dem Gesundheitswesen programmiert werden müßten, um die dadurch zum Beispiel auch die in der politischen Diskussion stehende Umweltverträglichkeitsprüfung (UVP) zu einer weit aussagereicheren *»Systemverträglichkeitsprüfung«* zu erweitern.

Für besonders heilsam halte ich es, daß die Anwendung des Modells eine Abkehr von der reinen Extrapolation unumgänglich macht. Viele mathematische Darstellungen, Prognosen und Grenzanalysen arbeiten ja bekanntlich immer noch mit einfacher Hochrechnung: mit einer extrapolierenden Betrachtungsweise, die innerhalb kleiner Abschnitte und Zeiträume ihre Gültigkeit haben mag, die jedoch logischerweise völlig blind ist gegenüber nicht extrapolierbaren Phänomenen, wie sie in größeren Systemen stattfinden. Dazu zählen zum Beispiel:

– Sogenannte Phasenübergänge (zum Beispiel Umkippen von Gewässern).[74]
– Hysterese-Erscheinungen (ein Ausgangszustand – hat man ihn einmal

verlassen – kann er nur über einen gänzlich anderen Weg wieder erreicht werden).

- Kollektives Verhalten (Zusammenbruch von Populationen durch Streßphänomene beim Überschreiten von Dichteschwellen).[18]
- Irreversibilitäten (etwa beim Abbau der Ozonschicht in der Stratosphäre durch Überschallflug und Sprays; wo also der ursprüngliche Zustand überhaupt nicht mehr zu erreichen ist).*

Obgleich es im realen Geschehen von solchen Phänomenen nur so wimmelt, arbeiten, wie gesagt, viele mathematische Analysen des Systems Mensch – Umwelt mit einfacher Hochrechnung. Vielfach natürlich wieder aus Mangel an fachübergreifenden Darstellungen, die alleine in der Lage sind, solche verschachtelten Wechselbeziehungen überhaupt zu erfassen. Andererseits auch aus Mangel an brauchbaren Prüfungskriterien für Vorgänge, die solche scheinbar akausalen Phänomene begünstigen beziehungsweise rechtzeitig regulieren.

Eine zunehmende Beschäftigung mit Simulationen und Analogmodellen[55] statt mit simplen Hochrechnungen wird helfen, ein Bewußtsein für solche Phänomene zu entwickeln und sie überhaupt zu erkennen; ähnlich wie etwa eine Prüfung an unseren *Grundregeln der Biokybernetik* dazu helfen kann, diese Phänomene schließlich in den Griff zu bekommen.

* Eines der typischsten Beispiele hierfür bietet unsere Körpertemperatur: Ist sie um 3 Grad erhöht, so ist unser Kreislauf um einen bestimmten Betrag zusätzlich belastet. Ist sie um 6 Grad erhöht, so ist der Kreislauf nicht, wie nun mancher Wirtschaftsmathematiker haarscharf extrapolieren würde, doppelt so stark belastet, sondern der Mensch ist längst tot.

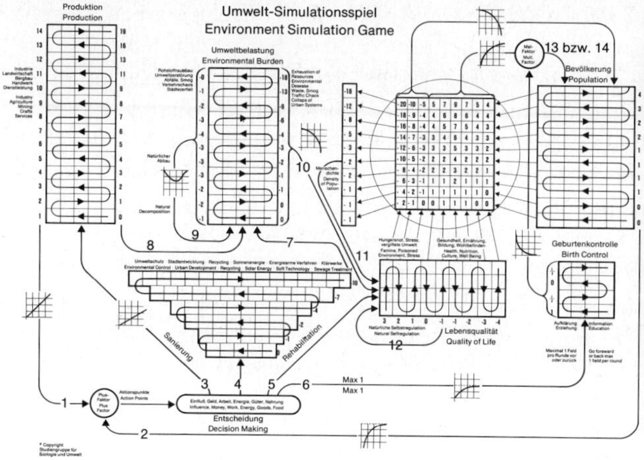

Der Spielplan eines Umwelt-Simulationsspiels

9

Begleitende Arbeitshilfen und Spielmodelle

Es ist keine Frage, daß diejenigen Personen, die direkt mit dem hier vorgeschlagenen Modell arbeiten, nur selten die mit Hilfe des Modells gewonnenen Erkenntnisse *selber* in die Praxis umsetzen. Auch ist ihre Zahl mit Sicherheit wesentlich kleiner als die Zahl der Anfrager, Anwender und Umsetzer, die über die prinzipiellen Möglichkeiten solcher Simulationsmodelle und ihrer Aussagen Bescheid wissen müssen.

Wir hielten es daher für nötig, für die Einführung des biokybernetischen Ansatzes auch begleitende Hilfs- und Spielmodelle auszuarbeiten, die das Prinzip kybernetischer Wechselwirkungen einem größeren Kreise nahebringen – was auch die Absicht dieses Buches ist.

Solche Spielmodelle können einmal die grundsätzliche Wirkungsweise kybernetischer Ansätze und deren Abhängigkeit vom »Zeithorizont« offenlegen oder überhaupt einmal ein Gefühl für vernetzte Wirkungen wecken (ähnlich wie im anschließend beschriebenen Papiercomputer oder dem darauffolgenden kybernetischen Umweltspiel). Andererseits können sich entsprechende Begleitmodelle auch direkt auf die anliegenden realen Probleme beziehen; entweder indem sie typische Anfragen an das Simulationsmodell vorbereiten helfen oder indem sie dessen Aussagen dadurch weiterführen, daß sie sie in anschaulichere Darstellungen übersetzen.

Die Spielmodelle werden somit in jedem Fall dazu dienen, die kybernetischen Vorgänge quasi plastisch erleben zu lassen.[82] Dadurch können sie den Anwender über zusätzliche Kanäle des Erkennens zu Einfällen anregen, ihm kreative Impulse geben, kurz, die weitere Einsicht in solche Vorgänge erheblich fördern. Alles Wechselwirkungen zwischen dem Anwender und seinem Arbeitsinstrument, die selbstverständlich schon im frühesten Stadium eines solchen Projekts, und damit auch schon mit diesem Buch einsetzen können.

Der Papiercomputer – ein Übungsmodell

Wir wollen einmal versuchen, einige Elemente eines Stadtgebietes in ein kybernetisches Netz zu bringen, und zeigen, wie man daraus bereits ganz neue Aussagen über das Funktionieren eines Systems gewinnt.[75]

Das abgebildete Schema zeigt die Wechselbeziehungen der Elemente: Stadtplanung, Grünflächen, Luftverschmutzung, Gesundheit der Einwohner, Individualverkehr – eine Liste, die selbstverständlich noch viel weiter fortgeführt werden müßte.

Jedes dieser fünf Elemente wird von den anderen beeinflußt und übt ebenso einen Einfluß auf die anderen aus. Zwischen den Elementen gibt es damit genauso viele Wechselbeziehungen, wie man verschiedene Pfeile zwischen die Kreise setzen kann. Diese erste schematische Betrachtung gibt zwar einen Überblick über die Vernetzung der Elemente in einem Systemzusammenhang, sie sagt aber nichts aus über die Stärke der gegenseitigen Beeinflussungen. Sie kann uns auch noch keine der am Ende von Kapitel 5 gestellten Fragen beantworten:

- Welches Element beeinflußt alle anderen am stärksten, wird aber von ihnen am schwächsten beeinflußt *(aktives Element)*.
- Welches Element beeinflußt die übrigen am schwächsten, wird aber selbst am stärksten beeinflußt *(reaktives Element)*.
- Welches Element beeinflußt die übrigen am stärksten und wird gleichzeitig auch von ihnen am stärksten beeinflußt *(kritisches Element)*.

Wechselwirkungen einiger Elemente unserer Umwelt

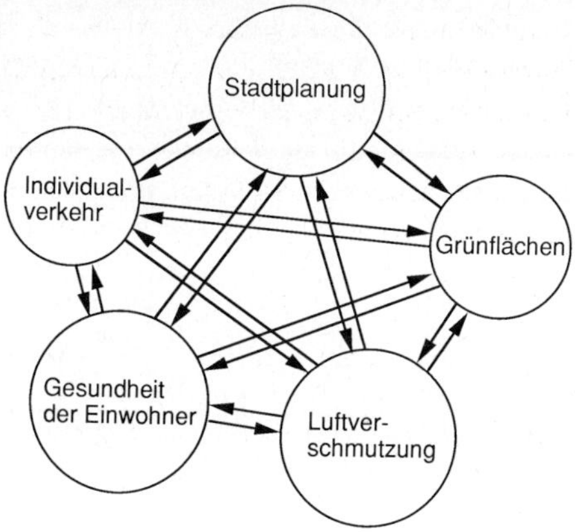

– Welches Element beeinflußt die übrigen am schwächsten und wird von ihnen am schwächsten beeinflußt (ruhendes oder *pufferndes Element*).

Um diese Fragen zu beantworten, genügt jedoch bereits ein kleiner Papiercomputer, wie ihn die nächste Abbildung darstellt.

Die Elemente sind von oben nach unten (Einwirkung von ↓) sowie von links nach rechts (Einwirkung auf →) angeordnet. Die Reihenfolge spielt dabei keine Rolle. Da sich in unserem Schema die Elemente selber nicht beeinflussen können, sind alle Kästchen, in denen jedes Element auf sich selbst trifft, lediglich mit einem Punkt markiert. Nun können wir sofort mit der Bewertung der einzelnen Wechselwirkungen anfangen. Zum Beispiel, indem wir in die Kästchen die Zahlen von 0 bis 3 eintragen:

Wirkung von ↓ auf →		A	B	C	D	E	F		AS	Q
Stadtplanung	A	●	3	2	2	2	1	A	10	1,25
Grünflächen	B	0	●	2	2	1	1	B	6	1,2
Luftverschmutzung	C	2	1	●	3	0	2	C	8	1,14
Gesundheit	D	2	0	0	●	1	1	D	4	0,4
Individualverkehr	E	2	1	3	2	●	1	E	9	1,28
öffentliche Meinung	F	2	0	0	1	3	●	F	6	1,0
		A	B	C	D	E	F		AS	Q
	PS	8	5	7	10	7	6	PS		
	P	80	30	56	40	63	36	P		

0 = keine Einwirkung
1 = schwache Einwirkung
2 = mittlere Einwirkung
3 = starke Einwirkung

Anwendungsbeispiel des Papiercomputers

Schema für einen Papiercomputer. Benutzen Sie das nebenstehende Schema für ein Problem aus Ihrem Lebensbereich!

Wirkung von ↓ auf →

A	
B	
C	
D	
E	
F	
G	
H	
I	
J	
K	
L	
M	
N	
O	
P	

PS	
P	

Die Eintragungen nehmen wir einfach einmal so vor, wie wir nach einigem Nachdenken die relativen Wirkungen einschätzen. Eine feiner abgestufte Einteilung ist nur dann sinnvoll, wenn genügend zuverlässige Werte zur Verfügung stehen und wenn die Vernetzung entsprechend weitergeführt ist.

Wenn wir nun die Frage beantwortet haben, wie stark jedes Element jedes andere beeinflußt und alle Kästchen ausgefüllt sind, ergeben bereits folgende simple Rechnungen eine Antwort auf unsere obigen Fragen: Alle neben einem der Elemente von links nach rechts addierten Zahlen ergeben die sogenannte Aktivsumme (AS) des Elements; alle von oben nach unten unter einem Buchstaben addierten Zahlen die Passivsumme (PS). Dasjeni-

A	B	C	D	E	F	G	H	I	J	K	L	M	N	O	P		AS	Q
●																A		
	●															B		
		●														C		
			●													D		
				●												E		
					●											F		
						●										G		
							●									H		
								●								I		
									●							J		
										●						K		
											●					L		
												●				M		
													●			N		
														●		O		
															●	P		

A	B	C	D	E	F	G	H	I	J	K	L	M	N	O	P	AS	Q
																PS	
																P	

ge Element, das die anderen am stärksten beeinflußt (ganz abgesehen davon, wie es selber beeinflußt wird), hat dann die höchste Aktivsumme. Das Element, das am meisten beeinflußt *wird,* erhält die höchste Passivsumme.

Wollen wir nun die weiter oben erwähnten vier besonderen Elemente herausfinden, so geschieht das folgendermaßen: Wir teilen die Aktivsumme jedes Elements durch seine Passivsumme (AS:PS = Quotient Q). Das Element mit der höchsten Q-Zahl ist dann das *aktive Element,* das mit der niedrigsten Q-Zahl das *reaktive Element.* Im nächsten Schritt multiplizieren wir die Aktivsumme eines Elements mit seiner Passivsumme (AS x PS = Produkt P). Das Element mit der höchsten P-Zahl ist dann das *kritische Element* und das mit der niedrigsten P-Zahl das *puffernde Element.*

Für die in unserem Schema benutzten sechs Elemente (Stadtplanung, Grünflächen, Luftverschmutzung, Gesundheit, Individualverkehr, öffentliche Meinung) wurde so mit den im Muster angegebenen Wirkungszahlen folgende Bewertung gefunden:

Aktives Element (höchste Q-Zahl:	E = 1,28)	= Individualverkehr
Passives Element (niedrigste Q-Zahl:	D = 0,4)	= Gesundheit des Bürgers
Kritisches Element (höchste P-Zahl:	A = 80)	= Stadtplanung
Pufferndes Element (niedrigste P-Zahl:	B = 30)	= Grünflächen

Für dieses Beispiel wurden bewußt nur wenige Elemente ausgewählt. Das Resultat war fast vorherzusehen. Aufschlußreicher und überraschend wird das Ergebnis dann, wenn noch weitere Elemente berücksichtigt werden. Zum Beispiel Verkehrsdichte, Umgehungsstraßen, Gesetzgebung, Ladenschlußzeiten, mittlere Entfernung zwischen Wohnort und Arbeitsplatz, Bürgerinitiativen, Stadtrat, Lokalteil der Zeitung, Parkplätze, Wärmeabstrahlung, Inversionslagen, Streßfaktoren und so weiter.

Die Möglichkeiten selbst eines solchen primitiven Papiercomputers sind damit längst noch nicht voll genutzt. Wir können ihn zum Beispiel auch umgekehrt fragen, wie die Beziehungen zwischen den Elementen sein müßten, damit zum Beispiel der Gesundheitszustand der Einwohner vom reaktiven zum kritischen Element wird. Vielleicht fehlen unserem Modell oder gar in der Realität wichtige Elemente, die der Gesundheit diesen Einfluß verschaffen. Das könnte zum Beispiel eine Bürgerinitiative oder ein interessierter Redakteur der Lokalzeitung sein.

Obwohl wir bei diesem Hilfsmodell nie alle beteiligten Elemente berücksichtigen oder überhaupt kennenlernen können und obwohl die Wechselwirkungen feiner bewertet werden müßten, um eine stichhaltige Analyse und Entscheidungshilfe zu geben, öffnet dieses Denkspiel doch ein wichtiges Verständnis: die Einfühlung in die fluktuierenden Zusammenhänge und in das empfindliche Wechselspiel eines kybernetischen Systems, wie es zum Beispiel unser Wohnort darstellt.

Es sei erwähnt, daß die Methode inzwischen mit Erfolg auch über das »Spiel« hinaus in einer Reihe von Projekten angewandt wurde und zur Ermittlung der Schlüsselelemente von komplexen Systemen geführt hat.[76]

Alle in diesem Buch besprochenen Arten von Wechselbeziehungen und Rückkopplungen und noch viele andere sind in irgendeiner Weise an dem lebendigen Geschehen unserer Biosphäre beteiligt. Dies jedoch nie einzeln, sondern immer in vielfacher, wenn auch manchmal nur schwacher Kombination mit anderen.

Um neben der bloßen Kenntnis der verschiedenen Wirkungstypen nun auch noch ein gewisses Gefühl für die eigenartigen Gesetzmäßigkeiten einer solchen kombinierten Wirkung zu vermitteln, also neben dem *Wissen* auch ein wenig *erleben* zu lassen, wie sich bestimmte Eingriffe über kurz oder lang auf ein vernetztes System auswirken, haben wir ein paar der wichtigsten Wirkungstypen zu einem kybernetischen Spiel vereinigt, das zum Beispiel auch in der Ausstellung ›Unsere Welt – ein vernetztes System‹ als Computerspiel an einem der Exponate ausprobiert werden kann. Dieses Planspiel unter dem Namen »Ökolopoly« wurde zunächst als »Pappcomputer« in Form eines Drehscheibenspiels entworfen und ist nach langjähriger Sammlung von Erfahrungen aus seinem Einsatz in Schulen, Universitäten, Managementkursen, der Bundeszentrale für politische Bildung und vielen anderen Einzel- und Gruppenanwendungen nunmehr auch als Computersimulationsspiel von der Studiengruppe für Biologie und Umwelt herausgegeben worden.[77] Die Abbildung auf den Seiten 148 und 149 zeigt einen Ausschnitt aus dem zugrunde liegenden Wirkungsgefüge mit den eingebauten mathematischen Beziehungen zwischen ausgewählten Lebensbereichen, deren vernetzte Entwicklung durch Eingriffe gesteuert werden kann. Dieses Schema kann die tatsächlichen Vernetzungen nur andeuten, deshalb sei anschließend das Prinzip des Umweltspiels kurz beschrieben.

Da das Ganze aus unserem Hauptthema, der Ökologie in Ballungsräumen, heraus entstanden ist, haben wir die Systemelemente, zwischen denen die Wirkungen stattfinden, nach den dort vorherrschenden Lebensbereichen benannt: Bevölkerung, Lebensqualität, Umweltverschmutzung, Produktion und so weiter – herkömmliche Begriffe, die natürlich keineswegs der tatsächlichen biokybernetischen Grobstruktur entsprechen müssen. Auch haben wir der Übersicht halber nur mit wenigen Elementen gearbeitet, jedoch Beziehungen zwischen ihnen hergestellt, wie sie im Prinzip in der Wirklichkeit vorkommen können. Die Anlage des Spiels war schließlich auch davon bestimmt, daß wir von möglichst vielen der in Kapitel 4 angesprochenen mathematischen Beziehungen je ein Beispiel unterbringen konnten. Man wird also mit unserem Simulationsspiel nicht gleich die Umweltproblematik im allgemeinen lösen oder Eingriffe exakt simulieren kön-

Beispiel für ein Wirkungsgefüge aus dem Umweltspiel Ökolopoly.

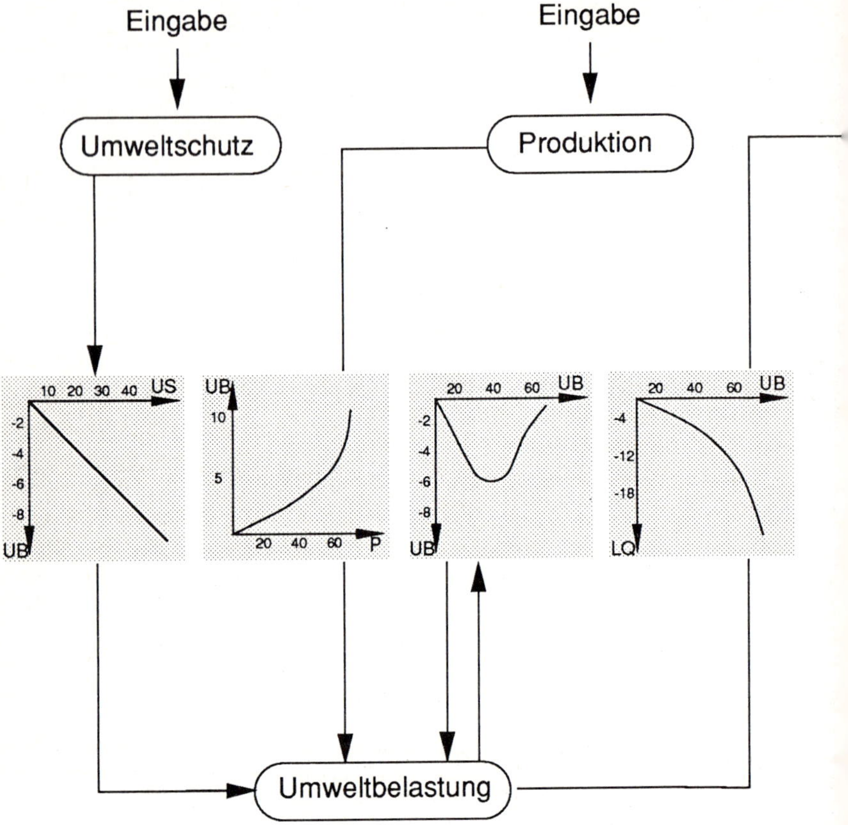

nen, dafür aber erfahren, mit welchen Denkstrukturen man an eine Lösung komplexer Probleme herangehen muß.

Bei diesem Ökospiel gilt es, die Lebensqualität in einem unserer Wirklichkeit nachempfundenen Phantasieland namens »Kybernetien« zu verbessern.

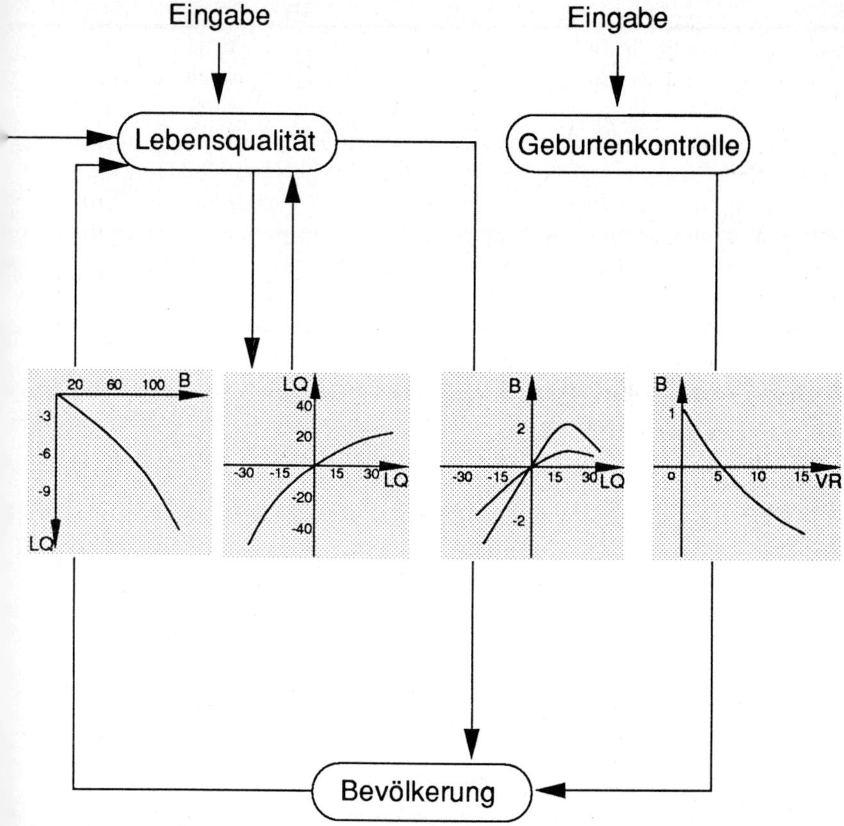
Eingabe
Eingabe
Lebensqualität
Geburtenkontrolle
20
60
100
B
-3
-6
-9
LQ
LQ
40
20
-30
-15
15
30
LQ
-20
-40
B
2
-30
-15
15
30
LQ
-2
B
1
o
5
10
15
VR
Bevölkerung

sich von den einzelnen Lebensbereichen ausgehend durch Simulation ihrer Vernetzung, wobei der jeweils erreichte Zustand eines Bereichs gleich wieder neue Veränderungen in anderen bewirkt. Auf diese Weise ändert sich der Zustand von »Kybernetien« von Runde zu Runde, was an der laufenden Bilanz verfolgt werden kann und in der Schlußbilanz bewertet wird.

Ob jemand in dem Spiel Erfolg hat, hängt daher ganz von seiner Vorausschau und seinem Fingerspitzengefühl ab. Denn auch manche sich zunächst positiv gebenden Entscheidungen können sich als falsch entpuppen. Genauso wie in Wirklichkeit, wo manche Entscheidungsträger in Politik und Wirtschaft immer noch glauben, daß Einzelmaßnahmen wie ein forcierter Straßenbau, die Subvention eines Wirtschaftsbereichs oder seine drastische Rationalisierung, eine Flurbereinigung, der Großeinsatz von Pestiziden oder die künstliche Ankurbelung des Energieverbrauchs nur dort, wo sie eingreifen, eine Wirkung hinterlassen, und die sich dann wundern, wenn eine ganze Maschinerie aus den Fugen gerät.

Wie bei allen Langzeitwirkungen läßt sich dies natürlich nicht nach einer Runde, sondern vielleicht erst nach fünf oder zehn Runden feststellen. So erfährt der Steuermann von Ökolopoly durch die sich allmählich bildende Bilanz den Grad seines kybernetischen Einfühlungsvermögens und wird nach und nach zu Stategien finden, die einem vernetzten System angemessen sind.

Was wir aus dem Simulationsspiel für das Geschehen zwischen Mensch und Umwelt lernen können, kann man unter folgenden Punkten zusammenfassen:

- Kein Eingriff in ein vernetztes System bleibt ohne Folgewirkung.
- In vielen Fällen wirkt ein Eingriff an einer Stelle mit mehr oder weniger starker Verzögerung in überraschender Weise wieder auf diese Stelle zurück.
- Auf diese Weise kehren sich zunächst positiv erscheinende Änderungen über entsprechende Zwischenglieder oft ins Gegenteil um, werden unprofitabel und schädlich.
- Durch nicht-lineare Wechselwirkungen beschleunigen sich manche Prozesse derart, daß sie nicht mehr zu kompensieren sind (Bevölkerungswachstum, Umweltbelastung).
- Vorbeugende Maßnahmen (Alternativtechnologien, Aufklärung, Geburtenkontrolle) ziehen zwar zunächst einen Teil des begrenzten Aktionskapitals an Energie, Arbeitskraft und Kreativität ab, bringen jedoch, je früher man damit anfängt, um so größeren Profit nach Durchlaufen des Regelkreissystems.
- Als besonders gefährlich und kritisch erweisen sich Stellen mit positiver Rückkopplung (Bevölkerungswachstum, Überlastung und Umkippen

des Naturhaushalts), deren Kontrolle auch den stärksten Einsatz rechtfertigt.
- Eine Einbeziehung größerer Zeiträume und prophylaktisches Denken erspart kostspielige Gegensteuerungen (und Übersteuerungen) des Systems, ist effizienter und führt schneller zum Ziel als jedes isolierte Behandeln inzwischen eingetretener Symptome.
- Einen Nachteil lediglich als solchen zu korrigieren, führt ebensowenig zu einem Gleichgewichtszustand wie das ständige Wiederholen zunächst richtiger Entscheidungen (starre politische Linie).
- Nur unter einer klugen dynamischen Folge sich wandelnder Entscheidungen entwickelt sich ein System zur stabilen Selbstregulation.

Wichtig für die Eignung von Ökolopoly als Simulationsmodell war daher
- daß die Tabellenfunktionen einigermaßen reale Wirkungsverläufe wiedergeben;
- daß sie so miteinander vernetzt sind, daß sich genügend Rückkopplungen und Zeitverzögerungen ergeben;
- daß ihr Spektrum – exemplarisch für einen menschlichen Lebensraum – spielbar aufeinander abgestimmt ist.

Damit kann Ökolopoly die charakteristischen Wirkungen in komplexen offenen Systemen aufzeigen, womit es trotz starker Verkürzung der Wirklichkeit und damit verbundener Unschärfe gängigen Hochrechnungen überlegen ist. Insbesondere zeigt es an den Wechselwirkungen der Einflußgrößen beispielhaft, daß in einem komplexen System keine einzelne Funktion isoliert betrachtet werden kann. So treten auch dort Wirkungen auf, wo man gar nicht eingegriffen hat, und man lernt, das komplexe Zusammenwirken der Funktionen zu nutzen. Dadurch macht Ökolopoly deutlich, daß in vernetzten Systemen auch und vor allem indirekte Wirkungen eine wichtige Rolle spielen.

Wenn das Spiel nicht allein, sondern in der Gruppe gespielt wird – der Entscheidungsträger berät sich mit seinen »Ministern«, »Experten« oder »Lobbyisten« – öffnet sich durch die dann zwangsläufigen Diskussionen schon gleich eine weitere Ebene: das Problembewußtsein kann hier ebenso geschult werden wie das Argumentieren in »kybernetischen« Kategorien, ganz abgesehen davon, daß die ganze Sache auch Spaß macht!

Das Spiel hat dadurch inzwischen Eingang in die verschiedensten Kreise gefunden – vom Einsatz im Unterricht bis zum Einsatz im Management – und wird von Kindern wie von Erwachsenen, von Computer-Freaks wie von Computer-Einsteigern begeistert gespielt. Diese Reaktion beweist das offenkundige Bedürfnis, sich im »vernetzten Denken« spielerisch zu schulen und neue Pfade zu beschreiten. So wäre es in der Tat zum Beispiel mit einem nicht viel komplizierteren Simulationsprogramm unter Einsatz eines Personalcomputers durchaus möglich gewesen, aus den vorhandenen Daten die durch unbedachte Entwicklungshilfe verschärften Dürrekatastrophen in der Sahel-Zone vorauszusagen und so vielleicht ihre schlimmsten Folgen zu verhüten.

Der Bamberger Psychologe Dietrich Dörner untersucht seit Jahren in ähnlichen Simulationen das Vorgehen von Laien wie von Experten.[37] Im Planspiel Tana-Land zum Beispiel sollten Manager Maßnahmen zur Verbesserung der Lebensumstände eines Entwicklungslandes ergreifen. Mit dem zur Verfügung stehenden Kapital bauten sie Brunnen, verbesserten die medizinische Versorgung und so weiter, meist jedoch, ohne die Zusammenhänge zwischen den einzelnen Maßnahmen zu sehen und die Spätfolgen zu bedenken. Das Ergebnis zeigt, daß beinahe alle beim Erfassen und Planen komplexer Systeme die gleichen schwerwiegenden Fehler machen, so zum Beispiel in Wirkungsketten statt in Wirkungsgefügen denken, die zeitlichen Abläufe vernachlässigten und die Dynamik und explosive Beschleunigung der exponentiell ablaufenden Prozesse falsch beurteilten, weil sie, wie wir alle, nie gelernt haben, mit komplexen Systemen umzugehen. Unser Öko-Planspiel mag daher auch ein klein wenig helfen, diese im Grunde nur in uns verschütteten Fähigkeiten wiederzuentdecken.

Was wir durch Ökolopoly erfahren können

Wie leicht sich bei Eingriffen in ein System unerwartete Entwicklungen ergeben können, läßt sich also auf spielerische Weise mit unserem Planspiel in einem fiktiven Land demonstrieren. Dort kann man ausprobieren, was es heißt, komplexe Systeme zu steuern, indem man durch Investitionen von Geld, Einfluß und Ideen in Form von Aktionspunkten eine florierende Wirtschaft, gesunde Umweltbedingungen sowie persönliches Wohlbefinden zu erreichen sucht und damit die Lage in »Kybernetien«, einem Entwicklungsland, stabilisiert. Angestrebt wird ein Gleichgewichtszustand mit möglichst hoher Lebensqualität. Auf diese Weise ist nachvollziehbar, wie Wirkungen in unserer Umwelt übertragen werden, vorübergehend ihre Spuren verwischen, woanders wieder auftauchen und irgendwann auf meist überraschende Weise zurückwirken. Was dabei auch immer passiert, wenn man einmal versucht, die Gründe für das jeweilige Handeln objektiv zu analysieren, man erfährt dabei den Effekt von Investitionen und Fehlinvestitionen, von Spätfolgen und Zeitverzögerungen – und erkennt die Unmöglichkeit, in einem sich ständig wandelnden dynamischen System den Lauf der Dinge noch einmal zurückzudrehen. Denn sobald ein Eingriff seine Wanderung durch das vernetzte System begonnen hat, kann man ihn fast nie mehr ungeschehen machen, sondern höchstens kompensieren, ein wenig ausgleichen, bereits wirkende Kräfte nutzen, durch Selbstregulation ein wenig die Richtung ändern.

Auch in der Wirtschaft oder in der Verkehrs- und Siedlungspolitik sind vielfach solche Wirkungsnetze mit Spätfolgen mit im Spiel. Daher kann man auch dort ein einmal in Unordnung geratenes System später kaum noch durch Einzelkorrekturen in den Griff bekommen. Meist bringt man die Dinge nur noch mehr durcheinander, denn längst ist eine neue Phase eingetreten: Die Eigendynamik des Systems hat das Geschehen in die Hand genommen. Ein spielerisches Erfassen von Zusammenhängen – weil es die Möglichkeiten unseres Denkapparates voll nutzt – ist ohne Zweifel die ökonomischste und effizienteste Art zu lernen, die es überhaupt gibt.[82] Denn was ist das Wesen des Spiels? Spiele sind Modelle. Modelle der Wirklichkeit. Spiele sind auch Simulationen der Wirklichkeit. Man nutzt zwar den Vorteil der Abstraktion, nämlich den wirklichen Gefahren nicht ausgesetzt zu sein, ohne jedoch ihre Nachteile, also den Verzicht auf das Erlebnis und damit die Aktivität wichtiger Gehirnfunktionen, in Kauf nehmen zu müssen. Spielerisches »Ausprobieren« der Wirklichkeit hilft so aus vielen Gründen, die Welt besser zu verstehen. Und besonders eine Simulation reißt ja die Wirklichkeit nicht auseinander, teilt sie nicht in Fächer ein, sondern versucht sie in ihren Wechselwirkungen zu erfassen, ihr »Muster« zu erkennen. Ökolopoly wurde daher als Ereignisspiel konzipiert, das die Folgen einer Entscheidung und damit eines Eingriffs – obgleich mit aller Logik vorausberechnet – dann doch in der simulierten Wirklichkeit oft zu etwas anderem werden läßt als beabsichtigt. Als Simulationsspiel ist es neben dem reinen Spielgenuß auch eine kleine Denkschulung für den Umgang mit komplexen Systemen, die die Steuerungs- und Selbstregulationsvorgänge in einem Lebensraum erfahren läßt.

Das Bewußtsein für die Notwendigkeit eines ganzheitlichen systemischen Ansatzes ist in der letzten Zeit in den unterschiedlichsten Bereichen von Wirtschaft, Finanz, Politik und Verwaltung sprunghaft gestiegen. Wie wir oben gesehen haben, erfordert das neue Planungs- und Entscheidungshilfen aus der Erkenntnis heraus, daß bei komplexen Systemen Einwirkungen nicht dort zu Ende sind, wohin sie zielen, sondern daß sie offenbar über ein dichtes Netz mit anderen Systemkomponenten in Verbindung stehen und dabei über unerkannte Rückkopplungen – oft mit zeitlicher Verzögerung – sogar ins Gegenteil dessen umschlagen, was beabsichtigt war.

Während die herkömmlichen Verfahren nur das zu untersuchende Einzelobjekt und seine Komponenten erfassen beziehungsweise nur eine Extrapolation der erfaßten Daten unter bestimmten Annahmen erlauben, soll ja das Sensitivitätsmodell die Analyse der Wechselwirkungen und die Einbeziehung weiterer mit dem untersuchten System vernetzter Lebensbereiche im Hinblick auf eine »Systemverträglichkeitsprüfung« ermöglichen. Denn erst, wenn man vernetzte Rückkopplungen eines Systems und die Gesetzmäßigkeiten von Umkippeffekten, Selbstverstärkungen, Grenz- und Schwellenwerten in zukünftige Entscheidungsprozesse mit einbezieht, lassen sich aus dem so charakterisierten Verhalten auch angepaßte kybernetische Strategien finden. Neben quantitativen Inputs finden dabei auch qualitative Zusammenhänge Eingang und sollten durch das Instrumentarium verarbeitet werden können.

Das Ergebnis der auf diese Weise erstellten Studien ist daher keine quantitative Prognose der üblichen Art, die bekanntlich vergeblich versucht, das Eintreten von Ereignissen vorherzusagen, sondern es interpretiert das Systemverhalten und versucht daraus unter dem Hauptkriterium »Erhöhung der Lebensfähigkeit« neuartige Lösungsmöglichkeiten und Chancen herauszukristallisieren. Dabei bringt die »kybernetische Sicht« der Dinge kein starres Rezept, sondern meist ganze Bündel von oft überraschenden alternativen Möglichkeiten hervor. Soviel noch einmal, um die Forderungen zu begründen, die an brauchbare manuelle und computerisierte Arbeitshilfen zur Durchführung einer Sensitivitätsanalyse gestellt werden müssen.

Das bisher bewußt klein und damit praktikabel gehaltene Instrumentarium des Sensitivitätsmodells, welches bisher aus einer Reihe von Lochkarten, Matrizen, Checklisten und anderen sogenannten Papiercomputern bestand, wird zur Zeit zu einem computergestützten Arbeitsinstrument entwickelt, das ähnlich wie das Planspiel Ökolopoly unmittelbar vom Anwender eingesetzt werden kann, um das betreffende Vorhaben und sein Umfeld systemisch zu erfassen.[3] Darüberhinaus entstehen umfassende Beratungspakete für ausgewählte Anwendungsbereiche, die mit einem computergestützten Know-how- und Methodenhandbuch ausgestattet, für strategische Unternehmensplanung, Technologie, Assessment, Prüfung von Entwicklungsprojekten, Stadt- oder Regionalplanung, Untersuchung von Wirtschaftssektoren, Umwelt- und Systemverträglichkeitsprüfungen dienen können. Der Anwender kann hiermit eine Systemuntersuchung von Grund auf selber durchführen und so sein spezifisches Sensitivitätsmodell selbst aufbauen.

Die ersten Lizenznehmer und autorisierten Anwender des »Sensitivitätsmodells Prof. Vester®« sind die USC (Urban Systems Consult, eine Tochter der Frankfurter Aufbau AG) für den Anwendungsbereich Stadt-, Regional- und Umweltplanung sowie die Arbeitsgruppe NERIS (Netzwerk Risiko im Sensitivitätsmodell), eine Arbeitsgruppe Deutsch-Schweizer Versicherungen, für den Anwendungsbereich Assekuranz, Risiko-Management und relevante Finanzdienstleistungen.

Auch bei diesen Beratungspaketen werden der didaktischen Seite durch neue Bildschirmoberflächen und Benutzerführung ein Vorrang eingeräumt. So wird das neue Beratungspaket den Benutzer dieses Instrumentariums im Dialog mit dem Computer durch die gesamte Abwicklung des Sensitivitätsmodells führen. Die nötigen Eingaben werden abgefragt, die Zwischenergebnisse mitgeteilt und erklärt. Dies wird den Benutzer am Ball halten, sein Interesse am Fortgang der Analyse wachhalten, ihm bereits in Zwischenstadien eine Reihe von Erfolgserlebnissen vermitteln, ihm durch die ständige Orientierung über den Stand der Dinge nie das Gefühl der Verlorenheit geben und, wo nur möglich, aufzeigen, was er bereits mit den Zwischenergebnissen anfangen kann. Weiterhin wird dieses Programm auf die nächsten Schritte neugierig machen und den Benutzer veranlassen, die abgefragten zusätzlichen Eingaben zu beschaffen oder die entsprechenden Beziehungen zu ermitteln.

Die Zusammenstellung eines solchen computer-manuellen Hybridsystems hat damit einen wichtigen didaktischen Effekt. Es erleichtert es dem Benutzer, auch dem Laien, den Vorgang zu durchschauen und ermöglicht ihm, durch den ständigen Dialog mit dem Modell und die laufende Interaktion mit den einzelnen Arbeitsschritten eine Bewußtseinsschulung durchzumachen, die ihn befähigt, allmählich ein neues Verständnis der Wirklichkeit zu gewinnen. Die Wirkungsgefüge und die mathematischen Bezüge, die er wie bei dem Planspiel Ökolopoly selber direkt auf dem Bildschirm gestalten kann, dienen so lediglich als vereinfachende Hilfe – nicht als hinzunehmendes Orakel, ebenso wie die resultierenden strategischen Hinweise gleichzeitig Ideenhilfe zur Problemlösung sein sollen und nicht bloße Rezepte.

Die Arbeit mit solchen Arbeitshilfen könnte so dazu beitragen, daß unsere Entscheidungsträger, die ohnehin in der letzten Instanz aus der Intuition heraus handeln müssen, die Basis ihrer Intuitionen durch eine Schulung im systemischen Denken erneuern. Langfristig gesehen betrachte ich auch solche instrumentellen Hilfen nur als Übergangslösungen, die uns befähigen, schließlich in vielen Fällen auch ohne Computer eines Tages intuitiv das Wesentliche zu erkennen, das Richtige zu tun und das Falsche zu vermeiden. Denkhilfen, die uns aber heute den Weg zeigen – und ihn erleichtern – zu einem längst fälligen Fortschritt: einer klugen Zusammenarbeit mit der Biosphäre unter Nutzung ihrer Überlebensregeln.

26-07-94
NR 0
01 ★ ★1490
★1490 BA TL
★★★ PZ
1 BD 1
0 0 57 NR
1 2-50

Literaturhinweise

1 Die einleitende Übersicht basiert auf früheren Vorträgen des Autors, z.B. vor dem Betriebswirtschaftlichen Institut der ETH Zürich, veröffentlicht im IO Management Magazin 2, 51 (1982).

2 Vgl. das UNESCO-Programm Man and the Biosphere (MAB): z.B. Ecological Effects of Energy Utilisation in Urban and Industrial Systems (MAB-Report 13, Bad Nauheim 1973); Integrated Ecological Studies on Human Settlements (MAB-Report 31, Paris 1975); vgl. auch die Berichte des Deutschen Nationalkomitees zum MAB-Projekt Nr. 11 (Bonn). Siehe außerdem: A. von Hesler: Lufthygienisch-meteorologische Modelluntersuchung in der Region Untermain, Frankfurt 1977; S. Adisoemarto und F. Brüning: Transactions of II International MAB Workshop on Tropical Rain Forest Ecosystems Research; über systemisches Management vgl. Anm. 41.

3 F. Vester und A. von Hesler: Sensitivitätsmodell, Frankfurt 1980. (erhältlich beim Umlandverband Frankfurt, Am Hauptbahnhof 18, 6000 Frankfurt am Main 1). Die vorausgegangene 2-bändige Pilotstudie ›Ökologie im Verdichtungsraum – Darstellung der Gesamtdynamik und Entwicklung eines Sensitivitätsmodells‹ (Frankfurt 1979) ist leider vergriffen und lediglich leihweise beim Umlandverband Frankfurt erhältlich. Eine computerunterstützte Unterweisung zu den einzelnen Arbeitsschritten kann ab Herbst 1991 über das Institut des Autors bezogen werden.

4 Vgl. zahlreiche andere Beispiele in F. Vester: Das Überlebensprogramm, Frankfurt 1975, und Anm. 15. Vgl. auch M. Taghi-Farvar und J. P. Milton (Hrsg.): The Careless Technology, New York 1973; P. Ehrlich: Bevölkerungswachstum und Umweltkrise, Frankfurt 1972; Global 2000, Frankfurt 1980; Ch. Perrow: Normale Katastrophen, Frankfurt 1987.

5 B. Dixon: Antibiotics and Advertisers, in: New Scientist 66, 58 (1975); K. Beaucamp, Penzberg, berichtete auf der »Medica 88« in Düsseldorf von amerikanischen Untersuchungen über den nachweislichen Zusammenhang der Resistenzrate von Salmonellen mit dem Antibiotikaeinsatz in der Tierfütterung; vgl. auch den Appell der Tiermediziner angesichts der erfolglosen Eindämmung der Salmonellose auf ihrer Garmischer Arbeitstagung Anfang Oktober 1987.

6 F. Vester: Wasser = Leben, Ravensburg 1988.

7 H. Schaefer und B. Blohmke: Sozialmedizin, Stuttgart 1978.

8 F. Vester und G. Henschel: Krebs – fehlgesteuertes Leben, München 1977 und 1990. Vgl. auch Statistisches Jahrbuch der Bundesrepublik Deutschland, 1989.

9 F. Vester: Phänomen Streß, München 1978.

10 Nach Arbeiten von H. Jürgensen, vgl. Die Zeit, 7. 2. 1976 und Statistische Jahrbücher der Bundesrepublik Deutschland 1970–1989.

11 H. K. Barth: Ein neues Drama in der Dritten Welt. Die Erosion gewinnt an Boden, in: Bild der Wissenschaft 19, 84 (Februar 1982).

12 Nach Untersuchungen von N. Jasoglou und G. Alexopulos (Institut für Agrarwissenschaft und Planungsabteilung, Universität Athen).

13 W. E. Omerod: Ecological Effect of Control of African Trypanomiasis, in: Sci-

ence 191, 815 (197); M. El-Fouly und H. Schiffers: Die Sahel-Katastrophe. Es war nicht nur der fehlende Regen, in: Bild der Wissenschaft 12, 50 (1975).
14 Siehe den Bericht über den Assuan-Staudamm bei Anm. 4. Siehe auch: H. Schwampp: Schwierigkeiten beim Assuan-Damm, in: Umschau 72, 538 (1972); F. Ibrahim: Der Assuan-Staudamm – eine Fehlplanung, in: Umschau 80, 58 (1980); H. M. Rady: Der »blaue Teufel« – Segen oder Plage?, in: Die Umschau 77, 576 (1977); R. E. Benedick: The High Dam and the Transformation of the Nile, in: The Middle-East Journal 33, 119 (1979); vgl. auch den Bericht über das ökologisch-ökonomische Desaster des brasilianischen Staudammprojekts bei Balbina in: Ecologist 20, 133 (1990).
15 F. Vester: Neuland des Denkens. Vom technokratischen zum kybernetischen Zeitalter, Stuttgart 1980.
16 G. Gerisch: Periodische Signale steuern die Musterbildung in Zellverbänden, in: Die Naturwissenschaft 58, 430 (1971); A. Robertson u. a.: Control of Aggregation, in: Science 175, 33 (1972).
17 Siehe Anm. 15, dort Kapitel »Kulturstufen«.
18 Nach W. Schäfer: Der kritische Raum, Frankfurt 1972 (Kleine Senckenberg Reihe Nr. 4).
19 Siehe Anm. 9, dort Kapitel »Der zweite Grad des Überlebens, Rettung oder Population«.
20 F. Vester: Systemstudie Freizeitzentrum. Gutachterliche Studie zur Errichtung eines Freizeitzentrums auf der Basis des biokybernetischen Sensitivitätsmodells. Studiengruppe für Biologie und Umwelt GmbH, München 1981.
21 C. P. Idyll: The Anchovis Crisis, in: Scientific American 228, 22. Juni 1973). Vgl. auch den Bericht von J. Hatje in: Die Zeit, 27. 10. 1972.
22 F. Vester: Mensch und Großtechnologie. Inadäquate Planung am Beispiel von München II; Vortrag auf dem Flughafen-Symposium am 15. 5. 1981, TU München-Weihenstephan (Sonderdruck, Hrsg. Vereinigte Bürgerinitiativen gegen den Großflughafen im Erdinger Moos, Mai 1981); vgl. auch die Artikelserie »Flughafen München II« in der Süddeutschen Zeitung, Sommer 1989, sowie Auskünfte der Informationsstelle der Flughafen GmbH.
23 Vgl. den Artikel »Flughafen München II – Ein Kreuz mit dem Kreuz« in der Wirtschaftswoche, 21. 4. 1989.
24 G. Michal: Biochemical Pathways. (Schautafel) Boehringer Mannheim GmbH, Tutzing 1974.
25 Vgl. u. a. F. Vester: Eine superstabile Superfabrik, in: Süddeutsche Zeitung, 27. 2. 1976 oder F. Vester: Vernetztes Denken, in: IBM-Nachrichten, Special Unternehmenskommunikation Mai 1990.
26 P. Spitzauer (Hrsg.): Netzwerk Zelle, Köln 1975; K. Buchwald und W. Engelhardt (Hrsg.): Handbuch für Planung, Gestaltung und Schutz der Umwelt, 4 Bände, München 1980.
27 H. W. Gottinger (Hrsg.): Systems Approaches and Environmental Problems, Göttingen 1974; J. Baetge (Hrsg.): Grundlagen der Wirtschafts- und Sozialkybernetik, Berlin 1975; N. Brachthäuser u. a.: Wirtschaftskybernetische Modellversuche, in: Industr. Organis. (Schweiz) 40, 62 (1971).
28 J. P. Wesley: Ecophysics, Springfield/Ill. 1974.
29 Vgl. z.B. K. W. Deutsch: Politische Kybernetik, Freiburg 1970; A. Adam: Informatik. Probleme der Mit- und Umwelt, Opladen 1971; K. M. Meyer-Abich: Die ökologische Grenze des herkömmlichen Wirtschaftswachstums, in: Die Zukunft des Wachstums (Anm. 33); F. Vester: Prinzip und Bedeutung kyberneti-

scher Energien, in: Wirtschaftspolitik in der Umweltkrise (Anm. 39); DERS. in: Die Herausforderung der 80er Jahre (Anm. 41); DERS.: Unsere Welt – ein vernetztes System, Stuttgart 1978.
30 F. R. PATURI: Geniale Ingenieure der Natur, Düsseldorf 1974; I. RECHENBERG: Bionik, Evolution und Optimierung, in: Naturwissenschaftliche Rundschau 26, 465 (1973); F. VESTER, siehe Anm. 15, dort Kapitel »Bionik – Schatzkiste des Lebendigen«; H. TRIBUTSCH: Wie das Leben leben lernte, Stuttgart 1976; W. NACHTIGALL: Biotechnik, Heidelberg 1971; H. J. BOGEN: Gezähmt für die Zukunft, München 1973; V. PAPANEK: Das Papanek-Konzept, München 1973; F. OTTO: Der Pneu, in: Bild der Wissenschaft 15, 124 (1978); siehe auch Anm. 31 sowie F. OTTO: Natürliche Konstruktionen, Stuttgart 1982.
31 W. NACHTIGALL: Konstruktionen. Biologie und Technik, VDI-Verlag Düsseldorf 1986.
32 F. VESTER: Ansätze zur Erfassung der Umwelt als System, in: K. BUCHWALD und W. ENGELHARDT (Anm. 26), Bd. 3, S. 120ff.
33 J. W. FORRESTER: Der teuflische Regelkreis, Stuttgart 1972; D. MEADOWS: Die Grenzen des Wachstums, Stuttgart 1972; DERS.: Toward Global Equilibrium, Cambridge 1973; H. T. ODUM: Environment, Power, Society, New York 1971; M. MESAROVIC und E. PESTEL: Menschheit am Wendepunkt. 2. Bericht an den Club of Rome, Stuttgart 1974; H. ELLENBERG (Hrsg.): Ökosystemforschung, Berlin 1973; R. THOSS u. a.: Ein integriertes Optimierungsmodell zur Verbesserung des Umweltschutzes, sowie weitere Arbeitsberichte des Sonderforschungsbereichs 26, Raumordnung und Raumwirtschaft, Münster; J. KUMM: Wirtschaftswachstum, Umweltschutz, Lebensqualität. Eine systemanalytische Umweltstudie für die Bundesrepublik Deutschland bis zum Jahre 2000, Stuttgart 1975; M. SIEBKER: An den Grenzen des Wachstumsmodellierens, in: Umschau 75, 203 (1975); F. VESTER: Kybernetisches Denken in der Technologie, in: H. v. NUSSBAUM (Hrsg.): Die Zukunft des Wachstums. Kritische Antworten zum Bericht des Club of Rome, Gütersloh 1973; J. DE ROSNAY: Das Makroskop, Stuttgart 1977; A. VOSS: Ansätze zur Gesamtanalyse des Systems Mensch-Energie-Umwelt, Stuttgart 1977; S. KLATT u. a.: Systemsimulation in der Raumplanung, Hannover 1974; F. VESTER: Zukunftsprognosen, Modelle, Strategien, in: K. BUCHWALD und W. ENGELHARDT (Anm. 26), Bd. 4, S. 32ff.
34 F. VESTER: Denken, Lernen, Vergessen, München 1978; T. BAKSHI und Z. NAVEH (Hrsg.): Environmental Education, New York 1980.
35 Aus dem Archiv von F. W. DAHMEN, Mechernich-Bergheim.
36 A. C. PICARDI: Practical and Ethical Issue of Development in Traditional Societies. Insights from a System-Dynamics in Pastoral West Africa, in: Simulation 1 (1976).
37 D. DÖRNER: Problemlösen als Informationsverarbeitung, Stuttgart 1976; D. DÖRNER, F. REITER u. a.: Lohhausen – vom Umgang mit Unbestimmtheit und Komplexität, Bern 1983; siehe auch Anm. 53.
38 F. W. PAULY: Soil Fertility, London 1967; siehe auch Anm. 15, dort Kapitel »Anbau ohne Regelkreis«, sowie Anm. 74 (F. W. Dahmen) und Anm. 10.
39 P. CLOUD: Hilfsquellen, Bevölkerungszahl und Lebensinhalt, in: Umschau 70, 591 (1970); K. M. MEYER-ABICH: Wertsetzung bei beschränkten Ressourcen, in: J. WOLFF (Hrsg.): Wirtschaftspolitik in der Umweltkrise, Stuttgart 1974; H. GRUHL: Ein Planet wird geplündert, Frankfurt 1976; GLOBAL 2000, Frankfurt 1980; J. SCHNEIDER: Rohstoffe. Steigende Nachfrage, alarmierende Verknappung, Öko-Almanach, Frankfurt 1980.

40 F. Vester: Mobilisierung des Unternehmertums zum kybernetischen Denken, 5. Symposion für wirtschaftliche und rechtliche Fragen des Umweltschutzes, St. Gallen 1975; ders.: Ökologisches Systemmanagement – Die Unternehmung am Scheideweg zwischen Mechanistik und Biokybernetik, in: G. Probst und H. Siegwart (Hrsg.): Integriertes Management, Bern 1985.
41 F. Malik und G. Probst: Evolutionäres Management, in: Die Unternehmung 2 (1981); G. Probst: Kybernetische Gesetzeshypothesen als Basis für Gestaltungs- und Lenkungsregeln im Management, Stuttgart 1981; T. Dyllick: Gesellschaftliche Instabilität und Unternehmensführung, Stuttgart 1982; F. Vester in: Bruno Fritsch (Hrsg.): Die Herausforderung der 80er Jahre, Deisenhofen 1981; ders.: Design für eine Umwelt des Überlebens, in: Form 60, IV, 4 (1972); ders.: Cybernetic Control, in: Architectural Design 44, I, 7 (1974); ders.: L'ambiente e l'età della crisi, in: Design 4, 54 (1975); G. Probst: Kybernetische Gesetzeshypothesen, Bern 1988; T. Dyllick: Gesellschaftliche Instabilität, Bern 1982.
42 F. Vester: Wachsende Systeme, Braunschweig 1976.
43 Siehe Anm. 15, dort Kap. 8 und 16; außerdem Arbeitsgemeinschaft Umwelt der ETH Zürich: Umdenken – Umschwenken, sowie Alternativ-Katalog, beide Gottlieb-Duttweiler-Institut, Rüschlikon; I. Lamprecht (Hrsg.): Thermodynamics of Biological Processes, New York 1978; K. J. Thomé-Kozmiensky (Hrsg.): Recycling International, Berlin 1982.
44 Recycling in der Materialwirtschaft, in: Expandierende Märkte 5, Hamburg 1975; Recycling: Lösung der Umweltkrise, in: Brennpunkte 2, Stuttgart 1975; Aktion saubere Landschaft (Hrsg.): Recyclingfibel, Ingolstadt 1975; Euroforum 13 (1978); K. J. Thomé-Kozmiensky: Im Abfall liegt die Zukunft, in: Umschau 79, 573 (1979).
45 L. Thomas: Das Leben überlebt. Geheimnis der Zellen, Köln 1976; R. Schaede: Die pflanzlichen Symbiosen, Stuttgart 1962; H. Haken: Synergetics, Berlin 1978; L. Margulis: Symbiosis and Evolution, in: Scientific American 225, 49 (August 1971); vgl. auch die in Anm. 30 genannten Arbeiten.
46 R. Dubos: Symbiosis Between Earth and Humankind, in: Science 193, 459 (Juli 1976); B. D. Hall: Mitochondria Spring Surprises, in: Nature 282, 129 (1979); E. Wintersberger: Erbfaktoren außerhalb des Zellkerns, in: Bild der Wissenschaft 11, 1181 (1972).
47 E. F. Schumacher: Es geht auch anders. Technik und Wirtschaft nach Menschenmaß, München 1974; vgl. auch Anm. 15 und 40 sowie Publikationen der Stiftung Mittlere Technologie, Kaiserslautern, und in der Taschenbuchreihe Fischer-Alternativ.
48 Siehe Anm. 9 sowie Anm. 15, dort Kapitel »Gesundheit«.
49 E. Mayer: Biokybernetisch orientiertes Controlling als Unternehmensphilosophie? Controlling-Berater, Freiburg 1983.
50 F. Malik: Strategie des Managements komplexer Systeme, Bern 1984. H. Ulrich und G. Probst: Anleitung zum ganzheitlichen Denken und Handeln. Ein Brevier für Führungskräfte, Bern 1988.
51 P. Gomez: Frühwarnung in der Unternehmung, Bern 1983.
52 G. Gottfreund: Gedanken zur Unternehmensführung: Wie bereiten wir unser Unternehmen auf die Zukunft vor? Karlsberg Brauerei KG, Bad Homburg 1988.
53 Ein aufschlußreiches Experiment über die Notwendigkeit solcher Simulationen und die Folgen unvernetzter Planung zeigt die Studie von D. Dörner in: Bild der Wissenschaft 12, 48 (Februar 1975). Siehe auch F. Vester in: M. Goller (Hrsg.): Simulationstechnik, Berlin 1982.

54 Siehe Anm. 15, dort Kapitel »Wissen – Wege aus dem Datenfriedhof«; M. Maruyama: Paradigmatology and its Application to Cross-Disciplinary, Cross-Professional and Cross-Cultural Communication, in: Proc. of 40. International Congress of Anthropol. Ethnol. Sciences, Chicago 1973; R. Dilcher: Interdisziplinäre Studiengänge für Stadtplaner, Bonn 1974 (Schriftenreihe des Bundesministeriums für Raumordnung, Bauwesen und Städtebau).

55 M. F. Wolters: Die fünfte Computergeneration; vgl. auch K. Smith: A Computer that Learns Like a Brain, in: New Scientist 43, 473 (1969); B. Wahlström und K. Juslin: Simulation with Hard-Wired Analog Subprograms, in: Simulation 28, 107 (1977).

56 Nach J. Kumm (siehe Anm. 33) wird selbst eine dynamisierte Input-Output-Analyse nur kurzfristige Abläufe innerhalb des kybernetischen Geschehens erfassen können; siehe auch Anm. 15, dort Kapitel »Kybernetik«.

57 M. Winkler: Untersuchungen zur Statistik und Dynamik von Ökosystemen, in: Mitteilungen der Zoologischen Gesellschaft Braunau (Österreich) 2, 51 (1975).

58 J. F. Geleyn: Das Wetter der nächsten Woche, in: Umschau 21 (1982); Ch. C. Roberts: Konjunkturprognosen und Wirtschaftspolitik, Köln 1981.

59 H. Haken: Erfolgsgeheimnisse der Natur – Synergetik: Die Lehre vom Zusammenwirken; vgl. auch M. R. Rosen: Using Sensitivity Analysis to Simplify Ecosystem Models. A Case Study, in: Simulation 31, 15 (1978); P. R. Benyon: The Simplification of Models, in: Simulation 30, 7 (1978); R. V. O'Neil und B. Rust: Aggregation Error in Ecological Models, Amsterdam 1978.

60 A. Charnes und W. R. Lynn: Mathematical Analysis of Decision Problems in Ecology, Berlin 1975; A. Ruberti und R. R. Mohler: Variable Structure Systems with Application to Economics and Biology, Berlin 1975; siehe auch Anm. 27 (Gottinger).

61 V. L. Parsegian: This Cybernetic World, New York 1972; E. Batschelet: Introduction to Mathematics for Life Scientists, Berlin 1975; J. N. R. Jeffers: An Introduction to Systems Analysis. With Ecological Applications, London 1978; E. C. Piclou: Mathematical Ecology, New York 1977.

62 E. C. Zeeman: Catastroph Theory, in: Scientific American 234, 65 (April 1976); R. Thom: Structural Stability and Morphogenesis, Massachusetts 1975.

63 F. Vester u. a.: Planung und Rationalisierung bei Suchprozessen im Team, in: Kommunikation V, 11 (1969); ders.: Psychologisch-soziologische Effekte der Netzwerkplanung auf die Gruppe, in: Kommunikation V, 183 (1969).

64 F. Vester: Systemstudie Landwerkstätten. Eine konzeptionelle Untersuchung als Planungsgrundlage für ein kleinräumiges Verbundsystem der Fleischverarbeitung mit dem Ziel kleinräumiger »Ökosysteme der Wirtschaft«, München 1985.

65 F. Vester: System Kabine. Eine kybernetische Studie zur vernetzten Problemlösung im Hinblick auf die Fluggastkabine für das Jahr 2000, München 1989; vgl. auch J. Priewe: Gefahr der Perfektion – das Swissair-Projekt von Frederick Vester, in: Management Wissen Nr. 10, 37 (1987).

66 F. Vester (Studiengruppe für Biologie und Umwelt GmbH): Ford-Systemstudie. Entwicklungsmöglichkeiten eines Unternehmens der Automobilindustrie unter einer funktionsorientierten Unternehmensstrategie. Eine kybernetische Systemuntersuchung im Hinblick auf zukunftsorientierte Verkehrsformen und Fahrzeuge. München/Köln 1988, sowie auch: F. Vester: Ausfahrt Zukunft. Ergebnisse der Ford-Systemstudie zur Neuorientierung von Verkehr, Fahrzeug und Automobilindustrie, München 1990.

67 F. Vester u. a.: Systemstudie Ökoland I–VIII. Ansatz und Bausteine für eine Neuorientierung auf dem Sektor Landwirtschaft und Ernährung in der Bundesrepublik Deutschland. Arbeitsberichte des Instituts für Interdependenz und Technik und Gesellschaft, Universität der Bundeswehr, München 1983–1989.

68 Dies ist bereits in den verschiedensten Anwendungsbereichen, wie z. B. in Workshops zur schweizerischen Entwicklungshilfe des »Eidgenössischen Departements für auswärtige Angelegenheiten«, bei der Umstrukturierung eines europäischen Papierkonzerns (vgl. M. Meier: Holzstoff denkt biokybernetisch, in: Basler Zeitung vom 14. 10. 1982) oder in der Arbeitsgruppe »Raumordnung und Ökologie« der Bundesregierung, aber auch in Universitätsinstituten unterschiedlichster Fakultäten geschehen. Siehe auch Anm. 80.

69 »Rain-Forest-Program der South-East Asian Region«. MAB-Projekt, Koordination E. Brünig, Weltforstinstitut, Hamburg.

70 »Multiple-Use-Management Strategies of Landscape Ecology«, Koordination Z. Naveh, Technion Institute Haifa/Israel. Z. Naveh, Liebermann: Landscape Ecology, Springer-Verlag 1984.

71 J. Friedl: Environment-Health. »The AREEA-Planning-methode«. Case Studies in Malaysia. Forschungs- und Planungsgruppe für interdisziplinäre Umwelttechnologie, Graz 1990; ders.: Luftsanierungskonzept Voitsberg-Köflach sowie Entscheidungsfindungsmodell zur Planung von Umgehungsstraßen in Österreich u. a.

72 E. J. Savoie: Whats Ahead looking to 2205. Ford USA, Dearborn, 1989, vgl. den Spiegel-Artikel über eine interne Studie des Ford-Konzerns, die das Automobil verantwortlich macht für die Luftverschmutzung in Europa, in: Spiegel Nr. 6/1990.

73 Nach den Aussagen des Technologieberaters P. Niedner fahren wir immer noch Autos der ersten Generation, in: Bild der Wissenschaft 7/87.

74 H. J. Elster: Stoffhaushalt und Selbstreinigung der Seen, in: Wasser und Abwasser (Bundesministerium für Land- und Forstwirtschaft), Wien 1973; als Beispiel für wasser- und bodenökologische Nutzplanung vgl. F. W. Dahmen u. a.: Neue Wege der graphischen und kartographischen Veranschaulichung von Vielfaktorenkomplexen, in: Dechemiana 129, 145 (1976); ders. in: Niederrheinisches Jahrbuch 12, 63 (1973); siehe auch Anm. 26 (Band 2) und Anm. 28.

75 Vgl. den Ideenwettbewerb »Wege aus dem Chaos« in H. F. Erb und F. Vester (Hrsg.): Unsere Städte sollen leben, Stuttgart 1972.

76 Z. Naveh: Towards a Global Human Ecosystem Science of Landscape Ecology. A Biocybernetic Systems Approach to Landscape and the Study of its Use by Man, Center for Urban and Regional Studies, Technion Institute, Haifa 1978; ders.: A Model of Multiple-Use Management Strategies of Marginal and Utilable Mediterranean Upland Ecosystems, Haifa 1978; siehe auch Anm. 70.

77 F. Vester: Ökolopoly. Ein kybernetisches Umweltsimulationsspiel für PC. Studiengruppe für Biologie und Umwelt GmbH, München 1989.

78 A. Beaucamp u. a.: Evolution in der Energiewirtschaft – Das Beispiel USA. Arbeitsbericht 9/87 aus dem Institut f. Interdependenz v. Technik u. Gesellschaft, Universität der Bundeswehr, München 1987.

79 B. Faskel: Die Alten bauten besser, Frankfurt 1982; R. Rainer: Anonymes Bauen im Iran, Graz 1977; W. Ebert: Home Sweet Dome – Träume vom Wohnen, Frankfurt 1978; G. Minke und G. Witter: Häuser mit grünem Pelz, Frankfurt 1982.

80 F. Vester: Vorsprung durch Vernetztes Denken. Praktische Beispiele für den biokybernetischen Ansatz in Unternehmen und Management (in Vorbereitung).
81 M. F. Wolters: Die fünfte Computergeneration, München 1984.
82 F. Vester: Spielen hilft verstehen, in: Animation 6, 148 (1989).

Danksagung

Die Konzeption der diesem Buch zugrundeliegenden Studie entstand in enger Zusammenarbeit mit Herrn Dr. Alexander von Hesler, dem ich für sein großes Interesse und seine kritischen Anmerkungen bei der Fertigstellung besonderen Dank schulde. Für wertvolle Diskussionen und tätige Mithilfe danke ich weiterhin: Prof. Dr. Mohammed El-Fouly, Dipl.-Volkswirt Christopher Horn, Dr. Günter Nöll, Dr. Horst Overath, Dr. Josef Reichholf, Dr. med. Georg Snajberk, Dr. Sigrun Thiessen, Axel Urbanek, Anne Vester, cand. med. Johannes Vester, Dipl. phys. Christian Vester und Dipl.-Phys. Max Winkler.
Für ihre wertvolle Mithilfe bei der Überarbeitung für die 2. Taschenbuchausgabe bin ich insbesondere Dipl. geol. Gabriele Harrer sehr verbunden.

Frederic Vester

Bildnachweis

Seite 34: Prof. Dr. J.-G. Helmcke, Berlin.
Seite 36/37: Boehringer Mannheim GmbH, Tutzing.
Seite 42: Prof. Dr. W. Nachtigal, Saarbrücken.
Seite 53 unten: Dr. F. W. Dahmen, Mechernich-Bergheim.
Seite 104: Stefan Moses, München.
Seite 114: Umlandverband Frankfurt, Dr. A. von Hesler.
Seite 119 unten: Deutsche Presse-Agentur, München.
Seite 129: Hermannsdorfer Landwerkstätten, Glonn.
Alle übrigen Abbildungen stellte die Studiengruppe für Biologie und Umwelt GmbH, München, zur Verfügung.

Sachregister

Frederic Vester im dtv

Foto: Isolde Ohlbaum

Denken, Lernen, Vergessen
Was geht in unserem Kopf vor, wie lernt das Gehirn, und wann läßt es uns im Stich?

Frederic Vester vertritt eine völlig neue Richtung der Gehirnforschung: die Biologie der Lernvorgänge. Ein Testprogramm zeigt dem Leser, wie er seinen individuellen Lerntyp feststellen und seinen eigenen »biologischen Computer« am effektivsten nutzen kann.
dtv 1327

Phänomen Streß
Wo liegt sein Ursprung, warum ist er lebenswichtig, wodurch ist er entartet?

»Vester ist es in bewundernswerter Weise gelungen, die wesentlichen Zusammenhänge des Streßgeschehens in einer auch dem Laien verständlichen Sprache zu vermitteln. Sein Buch ist höchst angenehm zu lesen, gut illustriert und äußerst instruktiv.« (Professor Hans Selye)
dtv 1396

Unsere Welt – ein vernetztes System

Ein faszinierender Einblick in die Gesetzmäßigkeiten von sich selbst regulierenden Systemen, die vom Mikrokosmos bis zum Makrokosmos die gleichen sind. Anhand vieler anschaulicher Beispiele erläutert Vester die Steuerung von Systemen in der Natur und durch den Menschen, und wie wir sie in ihren Abhängigkeiten und Wechselwirkungen verstehen, beurteilen und zur Lösung von Problemen einsetzen können. dtv 10118

Neuland des Denkens
Vom technokratischen zum kybernetischen Zeitalter

Das fesselnd und allgemeinverständlich geschriebene Hauptwerk von Frederic Vester – eine grundlegende und breitgefächerte Orientierungshilfe für alle, die an einer (über-)lebenswerten Zukunft interessiert sind. dtv 10220

Ballungsgebiete in der Krise
Vom Verstehen und Planen menschlicher Lebensräume

Eine praktikable Anleitung, die Zukunft unserer bedrängten Lebensräume nicht mehr der technokratischen Planung zu überlassen, sondern sie auf der Grundlage biokybernetischen Denkens als vernetztes System zu erfassen und für die Zukunft zu gestalten. Aktualisierte Neuausgabe. dtv 11332

Frederic Vester/Gerhard Henschel:
Krebs – fehlgesteuertes Leben
Aktualisierte Neuausgabe. dtv 11181

Drängende Fragen unserer Zeit

Horst Afheldt:
Atomkrieg
Das Verhängnis einer Politik mit militärischen Mitteln
dtv 10696

Jean Améry:
Jenseits von Schuld und Sühne
Bewältigungsversuche eines Überwältigten
dtv/Klett-Cotta 10923
Unmeisterliche Wanderjahre
Aufsätze
dtv/Klett-Cotta 11162
Widersprüche
dtv/Klett-Cotta 11322

Hannah Arendt:
Zur Zeit
Politische Essays
dtv 11152

Gordon A. Craig/
Alexander L. George:
Zwischen Krieg und Frieden
Konfliktlösung in Geschichte und Gegenwart
dtv 10925

Hans-Peter Dürr:
Das Netz des Physikers
Naturwissenschaftliche Erkenntnis in der Verantwortung
dtv 11256

Heinz Friedrich:
Kulturverfall und Umweltkrise
Plädoyers für eine Denkwende
dtv 1753

Sebastian Haffner:
Im Schatten der Geschichte
Historisch-politische Variationen aus zwanzig Jahren
dtv 10805

Christian
Graf von Krockow:
Politik und menschliche Natur
Dämme gegen die Selbstzerstörung
dtv 11151

Mark Mathabane:
Kaffern Boy
Ein Leben in der Apartheid
dtv 10913

Franz Nuscheler:
Nirgendwo zu Hause
Menschen auf der Flucht
dtv 10887

Dorothea Razumovsky/
Elisabeth Wätjen:
Kinder und Gewalt in Südafrika
dtv 10870

Horst-Eberhard Richter:
Die Chance des Gewissens
Erinnerungen und Assoziationen
dtv 10970
Leben statt Machen
Einwände gegen das Verzagen
Aufsätze, Reden, Notizen
dtv 11282

Richard v. Weizsäcker:
Die deutsche Geschichte geht weiter
dtv 10482
Von Deutschland aus
Reden des Bundespräsidenten
dtv 10639

Natur und Umwelt

Jürgen Dahl:
Der unbegreifliche Garten und seine Verwüstung
Über Ökologie und über Ökologie hinaus
dtv/Klett-Cotta 11029

Die Erde weint
Frühe Warnungen vor der Verwüstung
Hrsg. v. Jürgen Dahl und Hartmut Schickert
dtv/Klett-Cotta 10751

Andrea Ernst/Kurt Langbein/Hans Weiss:
Gift-Grün
Chemie in der Landwirtschaft und die Folgen
dtv 10914

Antal Festetics:
Konrad Lorenz
Aus der Welt des großen Naturforschers
dtv 11044

Heinz Friedrich:
Kulturverfall und Umweltkrise
Plädoyers für eine Denkwende
dtv 1753

Edith Holden:
Vom Glück, mit der Natur zu leben
Naturbeobachtungen aus dem Jahre 1906
dtv 1766

Eva Kapfelsperger/Udo Pollmer:
Iß und stirb
Chemie in unserer Nahrung
dtv 10535

Konrad Lorenz/Kurt L. Mündl:
Noah würde Segel setzen
Vor uns die Sintflut
dtv 10750

Jacques Monod:
Zufall und Notwendigkeit
Philosophische Fragen der modernen Biologie
dtv 1069

Die ökologische Wende
Industrie und Ökologie – Feinde für immer?
Herausgegeben von Günter Kunz
dtv 10141

John Seymour:
Und dachten, sie wären die Herren
Der Mensch und die Einheit der Natur
dtv 10282

Pierre Teilhard de Chardin:
Der Mensch im Kosmos
dtv 1732

dtv

Das Programm im Überblick

Das literarische Programm
Romane, Erzählungen, Anthologien

dtv großdruck
Literatur, Unterhaltung und Sachbücher in großer Schrift zum bequemeren Lesen

Unterhaltung
Heiteres, Satiren, Witze, Stilblüten, Cartoons, Denkspiele

dtv zweisprachig
Klassische und moderne fremdsprachige Literatur mit deutscher Übersetzung im Paralleldruck

dtv klassik
Klassische Literatur, Philosophie, Wissenschaft

dtv sachbuch
Geschichte, Zeitgeschichte, Gesellschaft, Politik, Wirtschaft, Religion, Theologie, Kunst, Musik, Natur und Umwelt

dtv wissenschaft
Geschichte, Zeitgeschichte, Philosophie, Literatur, Musik, Naturwissenschaften, Augenzeugenberichte, Dokumente

dialog und praxis
Psychologie, Therapie, Lebenshilfe

Nachschlagewerke
Lexika, Wörterbücher, Atlanten, Handbücher, Ratgeber

dtv MERIAN reiseführer

dtv Reise Textbuch

Beck-Rechtsliteratur im dtv
Gesetzestexte, Rechtsberater, Studienbücher, Wirtschaftsberater

dtv junior
Kinder- und Jugendbücher

Wir machen Ihnen ein Angebot:

Jedes Jahr im Herbst versenden wir an viele Leserinnen und Leser regelmäßig und kostenlos **das aktuelle dtv-Gesamtverzeichnis.**
Wenn auch Sie an diesem Service interessiert sind, schicken Sie einfach eine Postkarte mit Ihrer genauen Anschrift und mit dem Stichwort »dtv-Gesamtverzeichnis regelmäßig« an den dtv, Postfach 40 04 22, 8000 München 40.